크딩들이여
화이팅!

평강의 주님께서 친히

때마다 일마다

평강을 주시기를 기도하며

특별히 ＿＿＿＿＿＿＿님께

이 소중한 책을

드립니다.

크딩들이여 화이팅!

나침반출판사 LiveLife Team

나침반

교회 학교 중·고등부 학생들의 출석수가 날이 갈수록 줄어 간다고 합니다. 여러가지 원인이 있겠지만, 공부(성적) 때문이 대부분인데 어느 교회는 아이들이 모이지 않아 아예 고3 반이 없다고도 하고 …. 안타까웠습니다.

그렇다면… 그렇지 않다는 것을, 즉 교회 출석하면서도, 믿음을 지키면서도, 얼마든지 성적을 올릴 수 있고, 소위 명문대에 합격할 수 있음을 보여주고 싶었는데… 하나님께서 지혜를 주셔서 이 책을 발행하게 됐습니다.

내용은 학생들과의 인터뷰이며 구어체 중심으로 정리했습니다. 간혹 문법상 맞지 않더라도 목적이 있음을 이해해 주십시오.

이 책이 주님을 위해 글로벌 리더를 꿈꾸는 십대 크리스천과 그의 부모들에게 주님이 주시는 희망이 되길 기도합니다.

그리고 목회자들이 자신있고 당당하게 "하나님이 함께 하시며 도우신다"고 외칠 때 인용할 수 있는 좋은 간증 자료가 되길 기대합니다.

두려워하지 말라 내가 너와 함께 함이라 놀라지 말라 나는 네 하나님이 됨이라 내가 너를 굳세게 하리라 참으로 너를 도와 주리라 참으로 나의 의로운 오른손으로 너를 붙들리라 - 이사야 41장 10절

Contents

서울대학교 1학년

임 준 빈

1학년 1학기때 수학 내신이
6등급이었습니다

공부와 미래, 여러 가지 생각으로 복잡하다면 먼저 여러분의 멘토를 찾아
보세요. 분명한 멘토나 롤모델을 찾을 수 있다면 여러분이 공부해야할 이
유와 방향을 자연스럽게 찾게 됩니다. 목적지까지 가는 길을 알게 되면 장
애물이 아무리 많아도 문제가 되지 않습니다.

1. 학교나 과를 가야겠다는 뚜렷한 목표가 처음부터 있었나요?

제가 1학년 1학기 때 수학 내신이 6등급이었어요.

성적이 좋지 않은 제가 서울대를 갈 수 있었던 것은 누구에게나 말할 수 있는 확고한 비전이 있었기 때문인 것 같아요.

아주 어렸을 때부터 제 꿈이 선생님이었어요. 그리고 구체적으로 고등학교 들어오면서 화학 선생님이 되어야겠다는 목표를 세웠죠. 그래서 과학 교육과가 있는 학교를 알아보게 되었는데 국내에는 몇 군데 없더라고요. 다행히 서울대에는 과학 교육과가 있어서 고등학교 들어오면서 화학 선생님이 되는 목표를 정하면서 서울대를 목표로 정했어요. 정리해보니까 큰 틀로 보면 한 가지 길로만 쭉 왔던 것 같아요.

제가 화학 선생님이 되려고 서울대에 들어가려는 것은 단순히 어떤 좋은 미래나 안정성 때문에 택한 것은 아니었어요.

초등학교 5학년 때 선생님이 되기로 결심을 했었는데, 그때 그런 걸 생각할 나이는 아니잖아요. 이 막연한 목표가 구체적인 비전으로 변한 것은 고1때였어요. 아이러니하게도 그때 화학시간에 저를 가르쳐주신 선생님도 서울대 화학과를 나오셨어요. 신앙도 엄청 좋으셨는데, 그 선생님이 한번은 '하나님이 창조하신 세계를 화학을 통해서 배운다'는 말씀을 해주셨어요. 그 말을 듣고서 나도 화학을 통해 하나님이 창조하신 세계를 배우고, 또 선생님이 되어서 아이들에게 가르쳐 주고 싶다 라는 생각을 했어요.

또한 제가 학창시절 때 선생님들에게 상담을 통해 도움을 많이 받았어요. 그래서 마찬가지로 선생님의 자리에서 어려운 아이들이나 비행청소년들에게 길을 찾아주고 싶고 고민도 들어주고 싶고, 하나님도 소개해 주고 싶어요.

탈선이나 따돌림 같은 문제들도 사실은 어른들의 관심의 부족에서 생기는 거라고 생각하거든요. 그래서 꼭 선생님이 되기 전인 지금도 친구들이나 또래들의 고민에 대해서 깊이 경청하려고 노력하고 있어요.

다시 정리를 해보면 원래의 꿈인 선생님에 구체적인 목표가 더해져 화학 선생님이 되었다가 마지막으로는 하나님이 창조하신 세상을 가르치는 화학 선생님으로 다시 태어난 거죠.

서울대를 택한 것도 이런 영향이 조금 있었어요. 왜냐하면 학생들이 선생님에 대한 이야기를 할 때 어떤 선생님이 서울대 나왔다는 소문을 들으면 벌써 수업시간에 집중하는 태도나 가르치는 내용에 대한 신뢰도와 같은 구체적인 인식이 달라지거든요. 과학교육과가 있는 학교가 몇 개 없기도 했지만 그래서 그 중에서 제일 좋은 서울대를 가고 싶었어요. 그리고 이렇게 구체적인 목표가 생기니까 고등학교 1학년 때부터 정말 그 길을 가기 위해서 열심히 노력을 할 수 있더라고요.

2. 신앙생활로 인한 공부에 대한 불안감은 없었나요?

겉으로 보이는 모습은 아주 평탄했어요. 교회도 꾸준히 잘 나갔고, 교회를 나가는 본질적인 이유에 대해서도 의심하지 않았거든요. 주일 뿐 아니라 주말에는 교회에서 거의 살았던 것 같아요. 교회에서 그렇게 큰 역할은 하지 않았지만 그래도 제가 도울 수 있는 부분은 확실히 봉사도 했어요. 주로 주보 봉사로 섬겼다가 3학년 때는 공부에 집중하기 위해서 그냥 예배만 드렸어요.

제가 집이 먼 편이었는데, 1, 2학년 때는 주말에는 집에 가서 원래 다니던 교회를 다녔고, 3학년 때는 공부할 시간에 방해가 돼서 자취를 하면서 2주에 한번씩만 내려가서 예배를 드렸어요. 물론 집에 내려가지 않을 때는 학교 근처의 교회에 나가서 예배를 드렸고요.

그래서 저의 겉모습만 보면 아무런 문제없이 신앙생활 잘 하면서 대학도 잘 간 아이로만 보이실 거예요. 물론 완전 틀린 말은 아니긴 해요.

그런데 고1 때부터 공부에 대한 스트레스를 제 나름대로 받기 시작했어요. 목표는 서울대로 정하고 공부를 열심히 하긴 했는데, 아무래도 성적이 안 좋다 보니까 공부를 하지 않는 시간에 대한 불안감이 엄청 났던거죠. 교회를 가는 시간에 대한 불안감이 아니라 공부를 하지 않는 모든 시간들에 대한 불안감이었어요.

그래서 고1때부터 교회에 가서 딱 예배만 드리고 나머지는 공부만 하려고 생각한 적도 있었어요. 그런데 막상 교회에 나가다보면 그게 안 되잖아요? 오랫동안 봐왔던 친구들도 있고, 뭐 행사도 가끔 있고 이러다보니까 시간을 거의 교회에서만 보내게 되었어요.

그래서 그때 교회를 정말 아예 나가지 말까라는 생각을 잠시나마 하게 되었어요. 그런데 돌이켜 생각해보니까 내가 이렇게 세상에 태어날 수 있었고, 또 여기까지 공부하면서 비전을 갖게 된 것이 모두 하나님의 계획과 은혜 덕분이잖아요? 그런데 내가 왜 그분을 만나고 예배하는 시간을 아까워하고 있을까라는 생각이 들었어요. 이 생각을 통해서 정말로 큰마음의 평안을 얻었어요. 그 다음부터는 한 번도 같은 주제로 인해서 고민하고 흔들렸던 적도 없고, 봉사 팀도 하면서 마음을 편하게 먹었어요. 아주 약간의 생각의 차이가 엄청 다른 결과를 불러일으키는 것 같아요.

만약에 저와 비슷한 문제로 고민을 하는 분이 있다면, 지금 누리고 있는 많은 부분들에 대해서 생각을 해보세요. 그것을 주신 분은 누구이고, 나의 삶은 누구를 위해서 살고 있는지, 그 질문에 대한 답을 찾게 되면 마음이 불안하지 않고, 신앙이면 신앙, 학업이면 학업에 확실히 집중할 수 있게 되요.

3. 구체적으로 신앙생활이 학업에 미치는 장단점은?

단점은 없다고 생각해요. 물론 너무 교회에만 있느라 공부를 하지 않는 친구들이 많이 있는 것도 사실이에요. 성적이 떨어지는 친구들도 많이 봤고요. 그런데 이런 것들은 본인이 절제를 못해서 생기는 일이지 신앙생활이 가져다주는 단점은 아니라고 생각해요. 아무리 좋은 음식도 많이 먹으면 배탈 나잖아요. 이런 경우는 제가 공부를 하지 않는 시간을 불안해하는 것처럼 단지 스스로 잘못하고 있는 거예요. 교회 목사님들이나 선생님들이 공부하지 말고 교회 오라고 절대로 말씀 안하시거든요. 신앙에 우선을 두고, 때로는 믿음의 결단을 해야 될 때도 있지만 실력을 쌓는 것과 학생의 본분을 지키는 것에 대해서 엄청 강조를 하세요. 그리고 학교 내의 왕따, 폭력문제 같은 것들에 대해 저는 교회와 교회 다니는 학생들이 할 수 있는 일이 아주 많다고 봐요.

일단 제가 권해드리고 싶은 방법은 첫째로 자신이 절제할 수 있을 정도의 신앙생활 분량을 정해놓는 거예요. 고3이 성적이 안 나오는데, 매일같이 교회 나가면서 서울대를 목표로 한다는 것은 모순이죠.

주말이면 주말, 주일이면 주일, 그것도 안 되면 최소한의 예배로 분량을 먼저 정해놓으세요. 그리고 그 시간은 자기 자신과 또 하나님과 약속된 시간이니까 그 시간만큼은 다른데 신경 쓰지 말고 온전히 하나님께 드렸으면 좋겠어요.

예배는 우리가 하나님께 드리는 것이지만 예배 시간을 통해서 우리에게 돌아오는 마음의 안정과 평안이 분명히 있거든요. 저는 말씀을 통해서도 공부에 대한 동기부여와 마음의 위로를 많이 받았어요. 예배가 마치 충전의 시간처럼 느껴졌다고 할까요? 그래서 너무 힘들 때는 수요일에도 예배를 드렸어요.

결론을 말씀드리면 여러분이 수험 생활을 통해 이루고 싶은 목표와 지금의 상태, 그리고 신앙에 대한 마음이 잘 조화를 이룰 때 엄청난 시너지 효과가 일어난다는 것을 꼭 알고 계셨으면 좋겠어요.

4. 고3 기간 때 특별히 힘이 되었던 말씀이 있나요?

욥기 23장 10절 말씀이요.

"그러나 내가 가는 길을 그가 아시나니 그가 나를 단련하신 후에는 내가 순금 같이 되어 나오리라"

그리고 한 구절이 더 있어요.

빌립보서 4장 13절 말씀이요.

"내게 능력 주시는 자 안에서 내가 모든 것을 할 수 있느니라"

이 두 말씀이 제가 가장 좋아하는 구절이에요.

희한하게도 교회에서 고3들 말씀 카드 뽑는 시간이 있어서 2개를 뽑았는데 모두 저 말씀이 나왔어요. 제가 항상 가지고 다니는 다이어리가 있는데, 거기에다가 항상 가지고 다니면서 틈만 나면 묵상했어요. 힘들고 지칠 때마다 저 말씀을 보면 '지금은 단련의 시간이니까 힘든 것이 당연하다 그러나 곧 이 시간을 통해서 하나님이 계획하신 더 좋은 길을 갈 수 있을 것이다 주님은 나에게 능력을 주시는 분이니까' 라고 생각을 많이 했어요. 고비 때마다 저에게 힘이 되었던 말씀인 것 같아요. 또 고3 때 자취를 하면서 힘든 일들이 많았는데, 그때 이 말씀 붙들고 기도를 많이 했어요. 그랬더니 좋은 친구들을 또 붙여주셔 가지고 마음의 위로를 얻어서, 슬럼프를 이겨낼 수 있었어요.

처음에 말했던 것처럼, 제가 1학년 1학기 때 수학 내신이 6등급이었어요. 그런데 2학년 2학기 때는 1등급을 받았어요. 저는 고3 때보다 1, 2

학년 때 더 열심히 공부했는데, 공부는 딱 정말 투자한 그대로 나오는 것 같아요. 그래서 명문대가 목표인 친구들은 1, 2학년 때부터 공부를 미리 시작해놓으면, 열심히만 한다면 당연한 말이겠지만 여러모로 유리해요. 자기에게 맞는 공부 방법을 찾는 것도 결국에는 시간의 차이 뿐이지 언젠가는 찾게 되어 있거든요. 그러니까 아무래도 절대적인 시간이 많을수록 유리할 수밖에 없죠.

고3 와서 본격적으로 하려는 친구들은 반대로 시간이 많지 않기 때문에 공부를 최대한 효율적으로 해야 돼요.

그리고 너무 '기적의 공부법'이나 성공담에 관심을 갖지 않았으면 좋겠어요. 이런 이야기들은 괜히 허황된 꿈을 좇게 만들고 마음을 들뜨게 만들어서 자신에게 중요한 부분을 살피지 못하게 만들어요. 현실적으로 자신의 상태와 약점, 그리고 극복 방법을 찾는 게 훨씬 중요한데 말이죠.

공부에는 심리상태가 매우 중요해요. 저도 2학년 2학기와 3학년 1학기 때 학업 외적인 부분의 어려움이 있었는데 바로 성적으로 나타났어요. 공부는 똑같이 하고 있었는데도 말이에요. 그러면 제가 고3때 했었던 구체적인 공부 방법에 대해서 말씀드릴게요.

먼저 언어와 외국어을 함께 말씀드릴게요.

비록 사용되는 나라는 다르지만 둘이 언어라는 공통점이 있기 때문에 저는 이 두 가지 영역을 동일선상에 놓고 싶어요.

먼저 둘의 공통점은 독해를 빨리해서 문제를 풀어야 하는 시간 싸움이라는 점이고 다음은 글의 구조를 파악하는 능력이 필요하다는 점이에요.

저는 1학년 때부터 인강을 활용했어요. 아는 게 정말로 없는 하위권이었기 때문에 기존의 진도를 따라 나가는 것보다는 저에게 맞는 진도를 맞춰 나갔던 거죠.

고3이라서 시간이 없다면 글의 구조를 파악하는 연습부터 시작하세요. 글의 단락을 구분하고, 중심 내용을 파악하는 훈련이 가장 중요한 것 같아요. 저는 1학년 때는 글의 구조 파악에만 매달렸고, 2학년 때는 기출문제 위주로 공부했고, 3학년 때는 EBS만 붙잡고 공부했어요.

시간이 없으면 기출문제와 EBS로만 대부분의 비중을 채워서 공부하는 게 훨씬 효율적일 거예요. 그리고 언어와 외국어는 조금씩이라도 매일 푸세요. 다른 학업 때문에 시간이 없다면 격일로라도 풀어줘야 감이 떨어지지는 않아요.

그리고 외국어나 언어는 점수가 갑자기 팍 오르지는 않거든요. 저는 정말로 특별한 공부 방법은 없었고 그냥 포기하지 않고 계속해서 공부했어요. 그렇게 꾸준히 올라서 3학년 때는 서울대 갈 실력이 된 거예요.

그러니까 지금 수준이 목표에 많이 못 미친다 하더라도 조급해 하지 말고 꾸준히 차근차근 하다보면 분명히 공부한 만큼의 향상된 성적을 받을 수 있어요.

저도 고3 때는 시간이 아까워서 오답 노트같은 건 아예 만들지도 않았어요. 틀린 문제도 답지 한번 쓱 보고 이해한 다음에 그냥 넘어갔어요. 한 문제에 매달리는 것이 언어와 외국어의 경우는 저에게 효율적인 방법이 아니었거든요. 이미 답지를 본 상태에서 자꾸 그 답이 생각나서 객관적으로 다시 분석하기도 힘들었고요. 고3 돼서도 1년 동안 계속 문제 풀어보고 넘기고만 반복했어요.

다음으로는 수리 영역이요.

저는 지방에 살아서 큰 학원들이 없어서 이것 역시 인강을 활용했어요. 고등학교 1학년 때 제가 내신 등급 말씀드렸죠? 학교 수업조차도 따라가기가 버겁더라고요.

학원을 처음에는 다녀볼까 해서 잠깐 등록을 했었는데, 학원을 통학하는 시간도 너무 아까웠어요. 그래서 주말에 4시간씩 몰아서 인강을 듣고, 주중에는 그 내용을 복습하는 방식으로 공부를 했어요. 인터넷 강의는 말 그대로 그냥 강의거든요. 좋은 강의 듣는다고 성적이 올라가진 않아요. 그래서 저는 강의를 듣는 것보다도 그 내용을 저의 것으로 만드는 걸 더 중요하게 생각하고 시간 배분도 더 많이 했어요. 제대로 된 이해와 복습이 따라오려면 최소한 강의 들은 시간에 2,3배가 필요하다고 생각해요.

그리고 강의 전에 풀어야 될 문제가 있으면 반드시 다 풀고 강의를 들었어요. 그리고 강의에서의 풀이와 다르거나 틀렸던 문제들은 반드시 모든 방법으로 다 풀어보는 방식으로 복습을 했어요. 이런 방법을 쓰다 보니 같은 문제를 거의 3번씩은 봤어요. 기출문제는 7,8번씩 반복을 했어요. 저는 수학은 언어와는 다르게 좋은 문제를 찾아내서 반복해서 많이 풀었어요.

수학은 문제 나오는 틀이 비슷하거든요. 엄청 어려운 문제는 계속해서 보고 다 알고 나서도 가끔 보는 게 좋아요. 그러면 비슷한 유형의 문제도 모두 풀 수 있어요.

수학이 약한 분들은 정말 투자를 많이 하셔야 되요. 10시간을 공부하면 7,8시간은 수학에만 투자해야 원하는 성적이 나올 수가 있을 거예요. 그런데 이렇게 공부하면 아무리 수학을 못해도 정말 잘하게 되요.

고3 때는 위에서 말씀 드린 인강과 복습 방법으로 계속 공부했어요. 그리고 평일에 인강 복습을 모두 마치고 남은 시간에 EBS 문제집을 계속 풀었어요. EBS문제는 난이도가 좀 쉬운 편이라서 최대한 속도를 내서 풀었고, 어려운 문제는 최소 3번 이상 반복해서 풀었어요.

수학은 언어와 다르게 문제를 푸는 시간이나 채점, 복습의 과정이 시간이 오래 걸려요. 그래서 최대한 많은 문제집을 풀기보다는 좋은 문제집을 선별해서 반복해서 푸는 것이 훨씬 효과가 좋아요.

저는 개념서를 먼저 정확히 한 번 쫙 푼 뒤에는 인강 문제집과 EBS, 기출 문제 외에는 안 봤어요. 수학도 오답노트는 만들지 않았지만 모의고사에서 자주 틀리거나 중요하다고 생각되는 문제의 유형은 따로 모아놓고 시험을 보기 전에 쫙 읽어보면서 다시 풀어봤어요.

그리고 과탐영역은 제가 워낙에 좋아하는 과목이었어요.

제가 멘토로 삼았던 선생님이 화학 선생님이었기도 하고, 또 제 비전이 화학 교사다 보니까, 화학과 생물은 정말 좋아했어요. 성적을 떠나서 수업자세가 정말 좋았어요. 전교에서 과탐 관련 수업은 제가 가장 열심히 들었을 거예요.

그리고 일단 과탐은 개념이 그렇게 난해하거나 문제가 어렵지 않아요. 그래서 수업시간에 들었던 내용을 야자시간에 30분 정도만 공부를 하면 충분히 정리가 되고 이해가 되었어요. 정리가 완벽히 됐다고 생각하면 그때 해당하는 단원의 EBS문제집을 풀었어요.

근데 자기 생각에는 이해가 다 되었다고 해도 어려운 문제 만나고 생각이 안 나는 부분이 분명히 나와요. 그러면 그 문제에 해당하는 개념으로 다시 돌아가서 짚고 넘어간 다음에 다시 풀고를 반복했어요. 막히는 문제에 대한 개념이 이해가 될 때까지 반복하면서 공부한 거죠. 과학은 물론 제가 좋아하는 과목이었기는 했지만 그래도 개념과 문제풀이를 유기적으로 이어서 공부했던 방법이 큰 도움이 되었던 것 같아요.

특히 저학년일수록 더 느긋한 마음으로 기본을 확실히 다지고 나가면 나중에 큰 도움이 될 거예요. 고3인 경우에는 아무래도 효율성을 더 따져야 되니까 중요한 개념부터 우선시해서 이런 공부 방법을 적용하는 게 더 도움이 될 거고요.

그리고 과목 별 공부를 떠나서 **인강에 대해서 조심해야 할 점**을 말씀드릴게요.

저는 지방에서 공부를 했고, 또 기본이 잘 잡혀 있지 않아서 전체 과목을 인강을 많이 활용해서 공부를 했거든요. 그 중에서 특히 수학을 인강으로 많이 봤어요. 그런데 인강은 사실 자기와의 싸움이에요. 학원처럼 누가 검사를 하는 것도 아니고 또 강의 도중에 아무래도 화면을 보면서 하는 거니까 딴 짓도 쉽게 할 수 있고, 집중력이 떨어지기 쉬워요. 그래서 인강을 봤다는 것 자체만으로는 수업이나 학원보다 효율이 많이 떨어져요. 그래서 만약에 자기 자신이 절제력이 많이 부족하다고 생각되고, 또한 주변에 좋은 강의를 들을 수 있는 교육 여건이 된다면 인강을 들을 시간에 학원에 가서 공부하는 것도 나쁘지 않아요. 복습과 예습은 물론 똑같이 중요한 비중을 두고 투자해야 되고요.

6. 고3 때는 시간 계획을 어떻게 세우고 생활했나요?

월요일부터 금요일까지는 항상 똑같았어요.

6시에 일어나서 7시까지 학교에 가요. 그리고 먼저 큐티를 하면서 마음을 정리한 뒤에 하루에 공부할 계획을 세우면 딱 0교시가 시작되요.

큐티는 3년 동안 빠지지 않고 매일 했어요. 큐티를 통해서 매일 하루를 말씀으로 시작하는 것이 제 신앙생활의 목표 중 하나기도 했고, 큐티를 통한 말씀 한 구절을 오늘 하루 내 삶에 적용시키며 붙잡으려고 노력했어요.

반대로 하루를 마무리 할 때도 기도로 했어요. 오늘 하루에 감사한 내용들을 주로 이야기하며 앞으로의 제 계획과 현재 심정들을 말씀드렸죠.

그리고 0교시부터 8교시까지는 그냥 수업 시간으로 지나가요. 쉬는 시간에는 정신이 멀쩡하면서 전 시간 배웠던 것을 복습하고, 졸음이 너무 심할 때는 잠깐 자고 그렇게 활용했어요.

그리고 야자는 7시부터 12시까지였어요. 5시간을 공부한다고 치면 3시간은 수학으로 배분했고, 언어와 외국어는 1시간씩 배분하는 패턴으로 거의 매일 공부했어요.

주말 같은 경우는 제 마음대로 공부할 수 있는 날이라서 일단 수면 시간을 한 시간 정도 더 잡았어요. 그리고 나머지는 똑같이 큐티를 먼저하고 평일과 비슷한 시간과 비중으로 공부 계획을 세웠어요. 수학 3시간 언어, 외국어 1시간씩 정도로요. 그리고 거기에 과탐을 한 시간 정도 추가했어요.

그리고 공부 컨디션이 좋은 날은, 비율은 그대로 유지한 채 공부 분량을 조금씩 더 늘려서 공부했어요. 그리고 저는 고3때의 공부가 1, 2학년 때보다는 조금 더 여유가 있었어요. 고등학교 입학 때의 성적은 안 좋았지만 2년 동안 정말 열심히 공부했더니 고3되서 그 공부한 성과가 나오기 시작하더라고요. 그래도 마음의 불안함을 없애기 위해서 같은 패턴으로 주말에도 계속 꾸준히 공부했어요. 그리고 스스로 실력이 붙은 것이 느껴지니까 마음도 편하고 여유도 생겼어요.

저는 오히려 1, 2학년 때 정말 힘들었어요. 남들 다 이해하는 수업을 저만 못 따라가니까 심적으로 괜히 쫓기면서 스트레스를 많이 받았거든요. 그러니까 공부할 때 자신의 페이스를 유지하면서 절대로 남은 신경 쓰지 마세요. 남을 너무 의식하고 스트레스 받으면 오를 성적도 안 올라요.

그리고 저는 모르는 내용을 물어보는 친구들한테도 제가 할 수 있는 최대한의 도움을 줬어요.

제가 1, 2학년 때도 공부잘하는 친구들이 저한테 도움을 많이 줬어요. 모르는 문제가 있을 때마다 찾아가서 물어보고 귀찮게 했는데, 조금도 짜증내지 않고 같이 문제 풀면서 설명해주고 그랬거든요.

제 친구 중에 음대와 체대를 준비하는 아이들이 있었는데, 언어랑 외국어 성적이 안 나와서 고민을 많이 했었어요. 음대와 체대는 수학과 과학은 안 보고 딱 두 과목만 보면 되거든요. 그래서 제가 좀 도움을 주려고 했는데 정말로 기본이 하나도 없어서 어떻게 해야 될지를 모르겠더라고요. 그래서 고민 끝에 중학교 과정부터 나가기 시작했어요. 쉬운 거부터 차근차근 나가면 이해도 잘 되고 자신감도 생길 것 같았거든요. 근데 고3 중간 때쯤에 성적이 정말로 엄청 올랐어요. 물론 미리 공부하던 친구들에 비하면 아직도 부족했지만 그래도 정말 놀랄만한 성과였어요.

공부 계획을 세울 때 먼저 자신의 실력을 잘 파악하고 인정한 뒤에 거기에 맞는 계획을 세우는 것이 정말로 좋은 방법 같아요. 설령 중학교 수준부터 시작해야 된다고 해도 부끄러워하지 말고 당당하게 시작하세요.

7. 신앙이 공부에 방해될 거라고 생각하는 학생들에게 해주고 싶은 이야기는?

신앙과 공부는 별개의 문제고 게다가 신앙은 오히려 공부에 충분한 도움이 된다는 사실을 제가 이미 말씀드리긴 했어요. 그런데 주위를 보면 정말로 너무 교회만 열심히 나가다가 성적이 떨어지거나 오르지 않는 학생들도 분명히 있어요. 그리고 그런 학생들을 보면 당연히 교회가 공부에 방해가 된다는 생각이 들기도 해요.

그러나 먼저 그런 친구들의 대부분은 정말 하나님 만나고 예배하고 싶은 마음보다는 사람 만나거나 아니면 다른 도피처의 역할로 교회에 머무르는 것 같았어요.

제가 아까도 말씀드렸지만 교회에서는 특히 학생부 예배 때 학생의 본분을 지킬 뿐 아니라 실력 있는 크리스천이 되어야 한다고 가르쳐요. 물론 성적이 좋고, 학교생활도 훌륭하면 교회생활에 아무리 지나쳐도 문제 될 것이 전혀 없어요. 그러나 대부분은 그렇지 않잖아요. 시기와 때를 가려서 정말 지혜롭게 행동해야 된다고 생각해요.

공부 때문에 신앙을 멈추는 것만큼 공부하기 싫어서 신앙생활에 모든 것을 쏟는 것도 위험한 일이잖아요. 제 비전을 위해서 일단은 페이스를 유지하는 것이 도움이 될 것 같았거든요.

공부하는 데 정신적, 체력적, 영적으로 문제되는 부분도 없었고요. 그러니까 신앙의 중심은 지키되 지금 나의 상황에 맞춰서 학업을 병행해 나가는 지혜가 분명 필요하다고 생각해요. 신앙없는 공부는 의미가 없고, 주어진 상황에 최선을 다하지 않고 본분을 지키지 않는 신앙에는 힘이 없다는 사실을 기억하셨으면 좋겠어요.

8. 고3 수험생들에게 해주고 싶은 말은?

제가 말씀을 굳이 안 드려도 고3이라는 상황이 지금까지 인생을 살면서 맞이했던 가장 중요한 시기이라는 것은 잘 알고 계실 거예요. 처음 겪는 상황이고 또 너무 중요하게 여겨지는 때다 보니까 당연히 힘들고 어려운 일들도 많을 거고요. 고3 생활이 힘들지 않다면 그게 전더 이상할 것 같아요.

그런데 오히려 그런 힘든 상황 속에서 하나님을 더욱 찾게 되고 의지하게 되면 축복이 있어요. 이런 시기를 하나님과 함께 한다면 하나님께서 비전도 주시고, 그 비전을 감당할 지혜도 주세요. 하나님이 알아서 열어주시는 길을 믿고 그 길을 가기 위해서 꾸준히 우리가 할 수 있는 노력을 하기만 하면 되요.

그래서 시험이 다가온다고 하더라도 불안해하지 마세요. 감정의 조절은 우리의 힘으로 되는 것이 아니에요. 그냥 우리의 힘으로 어쩔 수 없는 부분들은 모두 하나님께 맡겨버리세요.

저도 대학을 와서 보니까 교회 다니면서 했던 신앙생활이 저의 인생에 엄청 큰 도움이 됐어요. 그리고 대학 와서도 하나님과 함께 했던 시간들을 잘 기억하며 마찬가지로 신앙을 지키면서 새로운 출발을 하는 대학생활로 보내셨으면 좋겠어요. 전국의 모든 크딩(크리스천 학생) 여러분들, 그리고 이 책을 보는 분들은 특히 더욱 힘내세요. 화이팅!

9. 고3을 둔 부모들에게 하고픈 말

저는 고3 친구들보다 딱 1년 먼저 수능생으로 지냈어요. 그 때 신앙생활이 제게 어떤 의미였는지 생각을 또 많이 했고요.

고3 때 저는 매일을 공부와 시간다툼을 하며 살았고 학기 초에는 외로움도 많이 타서 정말로 힘들었어요. 그러나 그때 기도회에 가서 잠시라도 기도하고 교회에서 주일에 예배드리는 것이 제겐 그 힘듦을 이길 수 있는 역할을 해 주었다는 거서을 말씀 드리고 싶어요. 교회 안에서는 서로를 위해 기도해주는 친구와 선생님, 전도사님 또는 목사님이 계세요. 그분들을 통해서 힘든 마음을 재충전 할 수 있고 또 교회라는 공동체 안에서 학교, 가정에서 얻지 못하는 마음의 평안을 누리고 그 힘으로 수능 생활을 이겨낼 수 있었다고 저는 생각해요.

고3은 자신의 인생에 대해 진지하게 고민해야 할 중요한 시기인데, 성적에 적당히 맞춰 대학을 가고 전공을 선택하는 것은 너무나 미련한 일인 것 같아요. 이때 신앙생활을 통해 올바른 가치관을 갖는 것이 그 시간에 공부하는 것보다 훨씬 더 값진 시간이 될것이라고 생각하고, 또 제가 경험했기 때문에 부모님들도 신앙생활을 중요하게 여겨주셨으면 좋겠어요.

서울대학교 1학년

김 수 훈

엉덩이만 무거우면
공부가 됩니다

여러분이 생각하기에 가능한 최대의 시간으로 공부 계획을 세우세요. 10시간을 목표로 세우면 50%만 달성해도 5시간을 공부하게 됩니다. 그리고 공부 시간을 정하듯이 신앙생활에 필요한 시간도 확실히 계획하고 지키세요. 고3 생활은 공부와 신앙이라는 두 마리 토끼를 잡을 수 있는 절호의 찬스입니다.

1. 처음 목표로 했던 대학과 과는 어디였나요?

중학교 때는 제가 성적이 좋은편이었는데요.

고등학교 때는 공부 잘하는 아이들이 많아서 사실 처음부터 대학을 정해놓지는 않았어요. 제가 겸손을 떠는 것이 아니라 처음에 고등학교 들어와서 시험을 봤는데 성적이… 높지는 않았거든요. 그 점수를 가지고 서울대 간다고 꿈을 꾸는 사람이 오히려 이상한 사람이었을 거예요. 그런데 고2때부터 성적이 오르기 시작했어요. 그러면서 자신감이 조금씩 생겼어요.

고3 때 담임선생님이랑 상담을 했는데 상위권 학교도 도전할만한 성적이라고 선생님이 말씀해주시더라고요. 그때는 자신감이 있어서 상위권 대학에 갈 수 있다면 그 중에 최고인 서울대를 들어가 보자라는 생각으로 더 열심히 공부했어요.

그리고 저는 학교는 성적에 따라서 뒤늦게 목표를 정했지만 과에 대해서는 미리 마음을 정해놨었어요. 처음에는 작가와 교사를 놓고 고민했었어요. 제가 중학교 때부터 글을 쓰는 것을 아주 좋아해서 글도 많이 쓰고 또 그쪽 방면에 관심을 가졌어요. 그런데 고등학교 올라와서 공부를 해보니까 저는 이과 과목이 더 적성에도 맞고 성적도 그쪽이 훨씬 좋았어요. 그래서 고민을 잠깐 했지만 작가는 꼭 관련 학과나 전공 공부를 해야만 될 수 있는 것이 아니잖아요. 그래서 저의 교사라는 꿈을 일차적으로 살리기 위해서 처음부터 수학교육과 쪽으로 정하고 공부를 시작했어요. 학교보다는 과에 맞춰서 가는 것이 정답이라고 생각했거든요. 제가 일찍부터 제 적성을 알고 제 꿈을 위해서 갈 곳이 어딘지 정해 놓았기 때문에 그에 상응하는 노력이 더해지면서 서울대와 수학교육과라는 두 마리 토끼를 잡을 수 있었던 것 같아요.

2, 고등학교 때의 신앙생활은 어땠나요?

제 고등학교 생활은 외부적으로는 엄청 평탄한 생활이었어요.

집안에서 교회 가는 것에 반대를 한다거나 학교에서 교회 관련 일을 못하게다거나 그런 일은 없었어요. 왜냐하면 저희 학교가 미션 스쿨이기 때문에 당연히 학교에서 그런 일을 반대할 일도 없었고요. 저희 부모님도 한 때 사역을 하셨던 분들이라 당연히 믿음과 신앙을 더 중요하게 생각하셨거든요.

저희 아버지는 지금은 아니시지만 예전에는 전도사님으로 사역을 하셨어요. 그리고 어머님은 지금도 영아부에서 사역자 일을 하고 계시고요. 저도 태어나면서부터 모태신앙이었기 때문에 교회는 고3이 되든 대학생이 되든 당연히 나가야 된다고 생각하고 있었어요.

그렇다고 제가 교회를 습관처럼 억지로 다녔던 것은 아니에요. 왜냐하면 교회에서 예배드리는 시간이 저에게는 참된 쉼이었고 평안을 누리는 시간이었거든요. 물론 힘들었던 고3 때도 그랬지만 1, 2학년 때에도 교회에 가면 마음이 평안하고 너무 좋았어요.

특히 저는 친구들과 신앙적으로 아주 좋은 관계를 맺고 있었어요. 학교에서도 교회 다니는 아이들이 많았고, 그 아이들도 신앙을 대충 생각하는 것이 아니어서, 서로 진지한 분위기의 교제가 이루어졌어요. 어떤 친구 한명이 갑자기 힘든 일이 생긴다던가 하면 서로 안부 묻고 또 그 문제를 위해서 기도도 해주고 단체로 상담도 해주면서 서로가 중보하며 아픔을 치유해주는 시간을 가졌어요.

요즘 사회적으로 왕따나 학교 폭력이 심하다고들 하잖아요. 그런데 저희는 그런 것도 전혀 모르고 지냈어요. 저는 특히 이런 왕따나, 학교 폭력 같은 일들에는 교회를 다니는 학생들이 중요한 역할을 해야 한다고 생각해요. 교회 내에서도 서로 따돌리지 않고, 서로에게 관심을 가져주고, 또 학교에서도 소외된 아이들을 찾아가서 위로하고 전도하는 일이 반드시 필요하다고 생각하거든요.

그리고 저는 학교 다니면서 동아리 활동도 했어요.

예배 때 찬양을 하는 밴드 팀에 들어 갔었는데 거기서 아주 많은 훈련을 받았어요. 아무래도 다들 주님을 위해 봉사하기 위해서 들어왔기 때문에 코드도 잘 맞아 떨어지니까 신앙에 대한 깊은 고민들도 허심탄회하게 서로 나눌 수가 있었거든요. 반드시 해결책이 나오지 않아도 그냥 나누는 것만으로도 많은 힘이 되었어요. 그리고 지도해주시는 선생님들을 통해서도 큰 힘을 받았고요.

그래서 저는 고3이 아직 아닌 학생들은 자신이 잘하는 특기나, 아니면 배워보고 싶은 취미를 가지고 교회 내의 동아리나 어떤 그룹에 들어가는 것도 괜찮다고 생각해요. 거기서 비슷한 친구들 만나서 어울리면서 새로운 기술도 배우고 또 진심어린 교제도 하면 정말 큰 도움이 돼요. 아무래도 요새 IT 기기나, 스마트 폰 같은 것들이 너무 많이 보급되면서 학생들 중에 다른 사람과 대화하거나 함께 활동하는 것에 어려움을 보이는 학생들이 많아진다고들 하는데, 이런 교회 활동 들을 통해서 특히나 많은 도움을 받을 수 있다고 생각해요.

아, 그런데 저에게도 작은 문제가 하나 있었어요. 전체적인 신앙생활을 놓고 보면 그렇게 큰 문제라고 할 수는 없는데요. 아무래도 누구나 교회와 학교에서 여러 가지 활동을 하는 모습과 일상생활의 모습이 조금씩 차이가 있잖아요. 저도 가끔씩 저의 그런 모습들을 발견할 때 스스로도 정말 실망을 많이 했거든요.

그런데 그런 모습들 때문에 저에게 실망해서 교회 다니지 않는 친구들이 뭐라고 하는 이야기를 제가 들었었어요. 그리고 친한 친구임에도 사이가 틀어진 아이들도 몇 명 있었고요. 그때 저 하나 잘못으로 인해서 기독교가 전체적으로 안 보일 수도 있다는 중요한 깨달음을 얻었어요. 그래서 그날 이후로는 될 수 있으면 항상 성실한 모습을 보여주기 위해서 노력했어요. 학교가 아니라 나중에 사회 나가서도 똑같은 일이 벌어질 수 있으니까요.

저희 학교가 미션스쿨이었지만 그래도 교회 다니는 학생들만 받지는 않았거든요. 그래서 신앙이 아예 없거나, 있으나마나 한 아이들도 많았는데, 그런 아이들은 채플과 같은 종교적인 행사에 큰 반감을 가지고 있어요. 그래서 그런 분위기 속에서 더 조심하고, 될 수 있는 대로 크리스천의 좋은 모습을 보여주기 위해서 노력했어요.

고3 때는 아무래도 이런 활동들을 조금씩 줄이긴 했지만 그래도 완전히 놓치는 않았어요. 3학년 때는 밴드 팀에서 활동은 하지 못했지만 그래도 모임에 가끔 참석하고 또 예배도 함께 드렸어요. 그리고 새로 들어온 친구들이 문제나 신앙적으로 어려움을 겪고 있을 때도 최대한 도움을 주려고 했고요. 그러고 보니까 저는 고3 때도 신앙생활에 그렇게 험한 굴곡은 없었네요. 고등학교 때부터 믿음은 확고했기 때문에 '왜 고3 때 이러고 있나', '신앙생활은 왜 해야 되나' 이런 고민은 전혀 없었거든요.

3. 신앙과 공부의 균형은 어떻게 맞췄는지?

제 신앙이야기만 보고는 도대체 공부는 언제 한 거냐고 물으실 분들도 있겠지만 저는 신앙생활을 하면서 학업도 기본적으로 충실하게 했어요.

물론 어쩔 때는 신앙 쪽으로 좀 치우친 적도 있고, 공부 쪽으로 치우친 적도 있어요. 하지만 균형을 계속해서 잡으려고 노력했기에 어느 한쪽으로 치우치지 않을 수 있었다고 생각해요.

이 선을 잘 긋지 않으면 나중엔 정말로 힘들어져요. 제 친구들 중에도 중간에 어느 한쪽으로 기울어져서 신앙으로부터 너무 멀어진다거나 학업을 완전히 실패했다거나 하는 경우가 있었어요. 그런데 그렇게 되면 결국에는 어느 쪽이든 자기만 손해거든요. 그러니까 고3 때 성적이 안 좋아도 포기하지 말고 공부를 해야 되요. 저는 정말 고3 때 제가 봐도 독할 정도로 공부를 했어요.

그러나 그러면서도 신앙의 최소한의 영역은 확보를 해야 되요. 저도 너무 공부에 빠져 있어서 머리가 멍해져 있을 때가 있었어요. 그럴 때는 교회 가서 예배드리고 기도하는 것이 아무런 효과가 없고 시간낭비처럼 느껴지거든요. 하지만 그럴지라도 교회에 가고, 기도하러 가서 앉아 있기라도 하고 왔어요.

물론 반대로 교회에 너무 빠져서 공부를 하기 싫을 때도 있었죠. 그래서 정말 중요한 것이 어느 한쪽으로 넘어지지 않게 자신을 잘 컨트롤 하는 거예요. 그래서 자신을 통제하는 능력이 좀 떨어지는 친구들은 주일 성수나 학생부 예배 정도로 신앙생활을 최소한으로 줄이고 공부를 하는 것이 일단은 현명한 선택이라고 봐요.

4. 나만의 공부법이나 노하우가 있다면 알려주세요.

저는 모든 공부에 저만의 일정 계획표를 먼저 짰어요.

저는 이걸 스터디 플랜이라고 부르는데요. 다음 날 공부할 분량을 큼직하게 전날 저녁쯤에 적어놔요. 과목 별 시간 단위로 공부 계획을 미리 세워놨어요. 그런데 사람이 기계처럼 딱딱 정해진 대로 움직일 수는 없거든요. 중간에 너무 피곤해서 잠깐 잠을 잔다던가, 잡생각이 많이 들어서 잠깐 친구들이랑 운동을 하고 오는 일도 있었어요. 그럴 때는 계획이 조금씩 뒤로 미뤄지긴 하지만 그래도 플랜(계획)을 세워 놓고 공부를 하는 것이 시간을 관리하는 데 아주 큰 도움이 됐어요. 그래서 일단 지키든 못 지키든 여러분만의 스터디 플랜(계획)을 반드시 작성하셨으면 좋겠어요.

그리고 미리 계획을 세울 뿐 아니라 복습 계획을 세울 때도 도움이 되요. 하루 공부를 마친 뒤에 그날 학습한 내용을 정리하고 다음날이나 주말에는 공부한 분량의 어느 정도를 복습해야겠다고 정하면 실제 학습 진도에 따라서 세밀하게 세울 수가 있거든요. 일단 계획을 세웠다면 그것대로 지켰을 때는 정말로 엄청난 성취감을 느낄 수 있어요. 반대로 지키지 못했을 때는 반성할 점을 찾고 더 열심히 하면 되니까 항상 긍정적으로 생각하면서 플랜을 사용하셨으면 좋겠어요. 저는 이 플랜을 잘 활용해서 성적 향상에 큰 도움이 됐거든요.

그리고 주말에는 공부시간을 미리 정해놓고 하시는 게 좋아요.

저는 고1, 2때는 주말에 합쳐서 15시간, 그리고 고3에 와서는 토, 일 하루에 10시간씩 공부를 하겠다고 시간을 미리 정해놨어요. 그런데 저는 교회에서 예배도 드리고 봉사도 하고 그래서 이 시간을 채우기가 정말 쉽지 않았어요. 교회를 아예 가지 않고 공부한다고 해도 결코 쉽지 않은 시간이에요. 하지만 그렇다고 또 불가능한 목표는 아니더라고요. 그리고 목표를 저렇게 높게 잡아야 주말 공부 계획이 흐지부지되지 않고 넘어갈 수 있어요. 혹시 50% 밖에 달성하지 못한다고 해도 5시간이나 공부를 할 수 있잖아요.

교회를 다니면서도 공부 쪽에 이렇게 엄격하게 분량을 정해놨기 때문에 제가 신앙과 공부에 균형을 잘 맞출 수 있지 않았나 싶기도 해요. 여러분도 꼭 제가 정해놓은 시간대로 따를 필요는 없지만 스스로에게 적당한 시간을 정해서 꼭 도전해 보세요.

그럼 이제 제가 과목별로 공부한 내용과 간단한 노하우에 대해서 말씀 드릴게요.

일단 언어영역은 제가 가장 좋아하는 과목이었어요.

저의 꿈 중에 하나가 작가였으니까요. 그래서 성적과 관련 없이 그냥 언어 공부를 하는 게 정말 좋았고 즐거웠어요. 어려서부터 책도 많이 읽었고 또 제가 이과였기 때문에 비문학이나 문학들에 대한 내용들도 푸는 것이 크게 어렵지 않았어요.

그러나 이건 저의 특성 때문에 가능한 일이었고, 일반적으로는 매일 조금씩 푸는 것이 상당히 도움이 됐어요. 매일 조금씩 언어를 풀면서 최소 일주일에 한번은 기출문제나 모의고사를 풀어보세요. 그러면 점수가 떨어지지 않고 매번 조금씩 오르기 시작할거에요. 그리고 한 번씩 푸는 모의고사는 꼭 시간을 체크해놓고 풀어보면 실제 수능에서의 시간관리 요령이랄까 그런 것들을 미리 터득할 수 있어요.

요약을 하면 첫 번째로 매일 조금씩 풀 것, 그리고 일주일에 한 번씩 실전처럼 모의고사를 푸는 것으로 할 수 있겠네요.

수학은 중학교 때는 성적이 좋았거든요.

그런데 고등학교 와서 처음으로 본 시험에서 중하위권 등수가 나왔어요. 그래서 도대체 수학을 어떻게 공부해야 다시 상위권으로 올라갈 수 있을까 고민을 했어요. 저에게 맞는 수학 공부의 체계를 찾으려고 1때부터 노력을 했던 거죠.

3학년 때부터 시작하기에는 시간이 늦을 수가 있어요. 그래서 제가 찾은 저의 방법을 말씀드리면 저는 학원이나 과외를 아예 안하고 독학으로 공부했어요.

　그리고 문제를 3분류로 나눴어요. 가장 먼저 개념은 반드시 알아야 하니까 개념에 관해 정리가 잘 되어 있는 문제집을 하나로 놓고 가장 먼저 공부했어요. 그리고 하 난이도에 있는 문제들을 완전히 마스터 했다고 생각하면 그 다음에는 조금 응용문제와 심화문제가 많이 나와 있는 문제집을 골랐어요. 그리고 이 문제집을 중 난이도로 놓고 마찬가지로 이 수준의 문제들을 틀리지 않을 정도까지 될 수 있게 공부했어요. 그리고 마지막으로 기출문제들을 상 난이도로 놓고 수능 때까지 붙잡고 풀어봤어요. 제 주변에서 혼자 독학하는 친구들에게도 제가 이 방법을 가르쳐줬는데, 다들 어느 정도 좋은 효과들을 봤어요. 될 수 있으면 개념서부터 확실히 알고 가는 것이 좋은 게, 시간이 없다고 빨리 빨리 넘어가면 하 난이도의 문제도 제대로 풀지를 못하거든요. 자기가 공부한 것에 대해서는 확실히 맞출 수 있는 공부방법이 진짜 제대로 된 공부방법이잖아요.

　그리고 여러분보다 공부를 조금 못하는 친구들에게 어떤 문제나 개념을 가르칠 기회가 생기면 시간을 아까워하지 말고 가르쳐주세요. 저도 나중에는 이런 식으로 친구들을 많이 가르쳐줬었는데요. 가르쳐주면서 이해하거나 배우게 되는 내용들이 엄청 많아요. 그러니까 이런 기회가 생기면 실력을 키울 절호의 기회라 생각하고 열심히 가르쳐주세요.

그리고 외국어 영역을 말씀드릴게요.

앞으로 교육정책이 어떻게 바뀔지는 저도 모르겠지만 현 정책이 바뀌기 전에는 무조건 EBS가 길이예요. EBS에 나왔던 지문이 수능에 그대로 실린 적도 있어요. 제가 남들보다 외국어 실력은 없었지만 성적은 잘 받았거든요. 그러니까 EBS 위주로 공부를 하면 외국어 실력은 안 오를지 모르지만 외국어 점수는 확실히 오른다고 말씀드릴 수도 있을 것 같아요.

영어 듣기나 단어 외우는 것은 짬나는 시간에 주로 했어요. 특히 너무 졸려서 공부가 안 될 때 영어단어를 많이 외웠는데요. 저 2학년 때 영어선생님이 "졸리고 그럴 때 영어단어를 외우면 무의식적으로 암기가 돼서 도움이 될거다"라고 말씀해주신 적이 있어서 그 말씀을 그냥 따랐어요. 왜냐면 어차피 졸릴 때는 어떤 공부도 안 되잖아요. 그렇다고 바로 잘 수는 없고 정신 차릴 때까지 복도나 거리를 걸어 다니면서 단어를 외웠어요.

주로 중요한 단어를 반복해서 외웠는데요. 그렇게 중요단어에 집중을 하고 EBS위주로 문제를 반복해서 푸니까 성적은 확실히 오르더라고요. 특히 시간이 많이 없는 고3때는 이런 방법으로 공부하면 좋을 것 같아요.

저는 과탐을 과학1 두 가지를 선택하고 과학2 한 과목을 선택했어요. 서울대만 아니면 과학2 과목은 선택을 하지 않아도 상관없었는데, 제가 처음에 말씀드렸듯이 선생님과 상담을 하고 난 뒤에는 서울대를 목표로 공부를 했기 때문에 과탐도 거기에 맞췄어요. 물론 고3 때부터 공부할 과목이 한 개 더 늘어서 조금 난관이 있기는 했죠. 여러분도 자신이 지원하고자 하는 학교 전형에 맞춰서 과탐을 준비하는 게 좋아요.

과학2 과목은 시간도 오래 걸리고 내용도 어려워서 좋은 점수를 얻기가 쉽지 않기 때문에 가고자 하는 학교 전형에 따라서 전략을 잘 세울 필요가 있어요. 그리고 절대로 당장 성적 조금 더 잘나오는 과목을 택하지 말고 본인이 가장 흥미를 갖는 쪽으로 선택을 하는 것이 좋아요. 기본적으로 과목에 대한 흥미가 있어야 공부할 맛도 나고, 공부한 내용도 더 오래 기억되고 그래요.

그리고 2학년 때까지는 과탐 문제들이 아주 기본적인 개념만을 묻지만, 3학년 때부터는 응용도 많고 복잡하게 꼬는 경우가 많아요. 그래서 기본 개념이 정말로 명확하게 박혀 있지 않으면 아예 문제를 풀려는 시도조차 할 수가 없어요. 그래서 저는 개념을 익혔다고 생각되면 최대한 다양한 문제들을 풀어보려고 노력했어요.

그리고 단권화 작업이라는 걸 했어요. 보통 한 과목에도 보는 문제집이 여러 개잖아요. 그리고 각 문제집마다 개념에 대한 설명이나 중요시 여기는 포인트가 조금씩 달라요. 이런 책들을 모아서 한권의 책에다가 서로 빠진 부분들을 다 요약해서 보충을 하는 작업이 단권화 작업이에요. 다른 과목은 몰라도 과탐은 시간을 들여서라도 꼭 단권화 작업을 하는 것이 개념을 정리하는 데에 큰 도움이 된다고 말씀드리고 싶어요.

그리고 아마 오답노트에 대해서도 많이들 생각하실 거예요.

그런데 오답노트를 만들기 위해서 답지를 오리고 붙이는 과정은 전혀 중요하지 않다고 봐요. 틀린 문제를 쉽게 다시 볼 수 있어서 부족한 부분에 대한 복습을 쉽게 한다는 것이 오답노트를 만드는 이유거든요. 그래서 틀린 문제에 대한 복습을 철저히 한다고 생각한다면 굳이 오답노트를 만들 필요가 없어요.

저 같은 경우는 틀린 문제를 따로 푸는 노트가 있었어요. 이 노트는 그냥 풀고 버리는 연습장의 개념이에요. 채점 결과는 문제집에다가 표시를 해놔요. 문제를 풀었던 노트를 보지 않고도 이 문제를 다시 풀어서 맞았는지 틀렸는지 쉽게 확인을 할 수가 있었죠. 그러면 따로 오답노트를 만들지 않고도 그냥 문제집만 가지고 훌륭하게 복습을 할 수가 있어요.

여기에 추가로 어떤 개념을 정리하거나 스스로의 생각을 적어놓기를 원한다면 그때는 오답노트가 답이죠. 하지만 오답노트를 만드는 시간이 만만치 않기 때문에 최대한 간소화 시키고 틀린 문제를 다시 보는 데에 시간을 더 투자하는 것이 중요해요.

5. 수능은 어떻게 준비했나요?

　수능이 다가올수록 떨리는 건 당연하다고 생각해요. 공부를 열심히 하면서 준비한 사람이나 그렇지 않은 사람이나, 일단 수능을 보고 대학을 가는 과정을 밟아가는 사람이라면 아무래도 시간이 얼마 남지 않을수록 많이 떨리고 힘들 거예요. 그래서 몇 년 동안 열심히 준비한 제 실력을 발휘하기 위해서는 수능을 앞두고 관리하는 기술도 매우 중요해요.

　그리고 저는 신앙이 이런 부분에 있어서 특히나 도움을 준다고 생각해요. 아무리 자기가 열심히 하고, 또 마음을 먹고 침착해 지려고 해도 분명히 우리의 모든 부분을 내 생각대로 통제할 수는 없어요. 어떤 상황에 따라서는 오히려 나의 부족한 부분을 내려놓아야 되는데, 바로 그런 부분을 기도로 간구하고 온전히 좋은 것을 주시는 하나님에 대한 절대적인 신뢰로 극복할 수 있어요.

　이렇게 자신있게 말씀드릴 수 있는 이유는 제가 체험했던 사실이기 때문이에요. 신앙생활을 열심히 하고 기도도 열심히 했는데 시험 당일 날 컨디션이 안 좋다고 해도 걱정할 이유가 없어요. 거기에는 반드시 하나님의 뜻이 있기 때문이에요.

　컨디션과 상관없이 점수가 더 잘나올 수도 있고, 망쳤다 하더라도 미래에 분명한 계획이 있다는 믿음이 있으면 오히려 부담도 안 되고 훨씬 편한 마음으로 공부하고 시험을 볼 수 있어요. 그렇게 되면 소소한 문제들로 인한 신앙의 갈등도 많이 사라지는 것 같아요.

한 가지 조심해야 할 점은 시험에 대한 불안감이 너무 커져서 신앙에만 전폭적으로 의지하려고 하면 안 된다는 점이예요. 나의 노력에 대한 확신과 그것을 사용해주실 하나님에 대한 믿음을 통한 의지가 있어야 되요. 그리고 너무 기복적인 신앙으로 인해 하나님을 공부라는 필요를 위해 사용하는 것도 조심해야 되요. 하나님을 우리의 필요를 위해서 사용하는 것이 아니라 우리가 하나님의 필요에 맞게 사용되어야 한다는 가장 중요한 근본을 잊지 않으면서 공부를 하면 좋겠어요.

그리고 신앙 외적인 부분에서 관리했던 방법을 말씀드릴게요.

저는 고3 때에는 생활 리듬을 최대한 일정하게 유지하려고 노력했어요. 밤에 공부하겠다고 커피나 어떤 자양강장제를 마시면서 억지로 무리하지도 않았고, 주말에는 집에도 내려가지 않고 학교 기숙사에서 머물렀어요. 매일 같은 리듬으로 생활하는 것이 공부에 도움이 된다고 생각했기 때문에 정말 독한 맘을 먹고 1년 동안 공부를 했던 것 같아요.

마찬가지로 시험 당일 날 긴장 푼다고 청심환이나 어떤 요법을 쓰는 것도 말리고 싶어요. 평소에 많이 사용하던 방법이라서 몸이 적응된 것이 아니라면 그냥 평소처럼 자연스럽게 시험을 준비하세요.

그리고 정말로 독하게 공부하고 싶으면 원래 목표로 한 점수보다 더 높은 목표를 맞겠다는 생각으로 공부하세요. 100점이 목표라면 120점을 맞겠다는 노력으로 공부를 하면 당일 날 컨디션이 안 좋다거나 문제가 생각보다 어렵게 나온다고 하더라도 워낙에 높은 수준을 잡고 공부를 했기 때문에 최소한 남들보다 많이 떨어지거나 당황하는 경우는 결코 없어요.

6. 힘든 수험 생활을 조금 더 유익하게 보낼 수 있는 방법이 있다면?

일단 고3 생활이란 말에 대한 편견에서 자유로워지는 것이 중요한 것 같아요.

물론 고3 생활이 그리 평탄한 삶은 아니고 한국 사회에서는 엄청 중요한 의미를 가지고 있지만 그래도 친구들과 함께 할 수 있는 귀한 시간이고 또한 매일 성장해 나가는 즐거운 시간 중의 하나라고 생각하셨으면 좋겠어요. 그래서 성적에 관계없이 일단 공부에 대한 마음을 확실히 정리하고 고3을 보냈으면 좋겠어요.

성적이 안 나오다가 고3때 열심히 한다고 점수가 엄청 오르는 경우는 흔치 않아요. 그런데 제가 생각하기에는 아주 상위권으로는 오르기가 쉽지 않지만 최소한 상중위권으로는 충분히 오르고도 남는 기간이 1년이란 생각이 들어요. 그러니까 자신의 공부가 부족하다고 생각되는 학생들도 충분히 할 수 있다는 마인드를 가지고 공부에만 집중을 한다면 스트레스도 덜 받고 보람찬 고3 생활을 보낼 수가 있을 거예요.

그리고 공부 준비를 미리 잘해놓은 친구들은 좋지 않은 생각은 되도록 하지 말고 이제 자신이 목표로 한 대학을 위해서 더욱 더 집중을 하세요.

저도 고3 올라가면서 걱정이 엄청 많았어요.

그런 말도 있잖아요. 4시간 자면서 공부하면 대학 붙고, 5시간 자면 떨어진다고... 정말 죽어라고 공부만 해야 되는 그런 압박감을 굉장히 심하게 느껴서, 아직 지내보지도 않은 고3 생활이 벌써 재미도 없고 여유도 없이 팍팍하게만 느껴졌어요.

그런데 이제 와서 생각해보니까 고3 때가 가장 유익하고 즐거운 학교생활이었던 것 같아요. 오히려 매일 놀았던 다른 때보다 주말에 잠깐 짬을 내어서 친구들과 운동하고 놀았던 소중한 기억들, 그리고 매일 같이 함께 공부하며 친구들과 동고동락하며 일어난 많은 에피소드들... 그러니까 고3이라는 말에 너무 부담감을 갖지 말고, 또 너무 죽어가는 표정으로만 지내지 말고, 즐겁고 활기차게 생활한다면 그 생활 속에서도 여러 가지 즐거움과 좋은 뜻을 찾을 수 있는 값진 시간이 될 겁니다. 공부가 더 잘 되는 것은 말할 것도 없고요.

7. 비전에 대해서 말씀해주세요

저는 교사라는 꿈을 위해서 교육의 길을 걷게 되었기 때문에, 좋은 교사의 정의와 효과적인 교수법에 대한 고민을 많이 하고 있어요.

그래도 다행인 것은 제가 지금까지 자라오면서 아주 좋은 스승님들을 많이 만났었어요. 그리고 좋은 스승님들은 공부 쪽에도 도움을 많이 주시지만 거기에 더해서 인격적인 면까지 저를 많이 성장시켜주셨다는 특징들이 있었어요. 지금까지 그 선생님들 덕분에 제가 잘 자라났듯이, 이제는 제가 가르치는 학생들에게도 그런 좋은 영향력을 주는 선생님이 되는 것이 지금 저의 목표예요.

매스미디어만 살펴봐도 지금 교육의 현실에 대해서 아주 암울하게 표현하고 있잖아요? 왕따 문제도 그렇고, 교권 문제도 그렇고, 물론 저 하나로 인해서 정책이 바뀌거나할 그런 일들은 없겠지만, 그래도 한 명의 학생이라도 더 좋은 교육을 받게 해주고, 더 좋은 비전의 길로 인도를 해주고 싶어요. 훌륭한 교사 한 명이 얼마나 많은 사람들을 변화시킬 수 있는지는 페스탈로찌나 멘델의 경우만 봐도 명백하거든요.

그리고 제가 선생님이라고 무조건 학생들에게만 가르치는 것이 아니라 학생들에게도 많이 배우면서 서로 소통하는 교육자가 되었으면 좋겠어요. 저는 하나님께서 저를 교사라는 직업으로도 사용하실 것이라고 생각해요. 신앙을 통해 갈등하는 아이들도 도와줄 수 있고 또 아예 신앙을 가지지 못한 아이들에게 큰 영향력을 발휘할 수 있는 자리니까요. 그리고 이런 경험들을 통해서 나중에 교육 정책에 도움을 줄 수 있는 책이나, 혹은 다른 교사들이나 교육자를 꿈꾸는 아이들을 위한 책도 반드시 쓰고 싶어요. 저의 2번째 인생의 비전이에요.

8. 신앙 때문에 자녀의 성적이 떨어질까봐 걱정하는 부모님들에게 한 말씀

공부와 신앙은 별개의 문제가 아니라는 사실을 말씀드리고 싶어요. 신앙이 바로 서 있어야 공부를 잘해도 바르게 사용할 수 있어요. 좀 더 근시안적으로 고3 때만 놓고 봐도 마음이 흔들리지 않고 공부를 바로 할 수 있게 도움을 주고 또한 수능 때도 정서적으로 큰 도움이 되요. 이렇게 보면 오히려 신앙이 공부를 흔들림 없이 할 수 있게 도움을 주는 거예요.

신앙이 바로 선 학생들은 성적은 낮을지언정 분명한 목표의식이 있어요. 성적이 당장 좋아도 목표의식이 없는 사람은 언젠가는 방향을 잃고 헤매지만, 목표의식이 있다면 당장은 성적이 떨어져서 위험해 보여도 차근차근 성공의 길을 밟아나가는 사람이에요.

고3 때 생활이 너무 힘들기 때문에, 가끔 이런 생각을 하는 친구들이 있어요.

'내가 지금 이 공부를 왜 하고 있나?'

'이 공부가 내가 바라는 방향과 맞나?'

저 역시도 이런 의문이 많이 들었었지만 그때마다 신앙이 다시 저의 중심을 바로 잡는 데에 큰 도움을 주었어요. 그래서 신앙생활과 학업에 균형을 잘 잡을 수 있게 부모님들이 신앙의 기본적인 요소는 허락을 넘어서 권장을 해주시되, 대신에 시간 관리를 지혜롭게 하고, 학업에도 손해가 가지 않도록 지혜롭게 유도해주시는 것이 고3이란 생활을 가장 지혜롭고 알차게 보내는 데 도움을 주는 방법일 것 같아요.

저는 겉 모습이던 속 모습이던 자기가 멋있는 사람이 되기 위해 노력하는게 삶에 있어서 가장 중요한거라고 생각해요. 남들이 하는거 다 따라하고 남들이 좋아한다고 다 따라 좋아하는 것 보다는 자신의 것을 찾아서 사는 삶이 더 멋있다고 생각 하거든요. 또 자기가 멋있다고 생각하고 있던 삶을 살고 있다면 그것만큼 좋은것도 없겠죠. 그리고 공부만 열심히 하는것도 좋지만 공부 외에도 삶의 여유나 인간관계, 교양같은 부분도 균형있게 빠지지 않게 배워가고 채워나가면서 사는것도 중요한 거 같아요. 그런 멋있는 삶을 살기위해 노력하고 있는 그 과정 자체에 있는 것도 멋있는 사람이라고 생각하거든요.

서울대학교 1학년

김은비

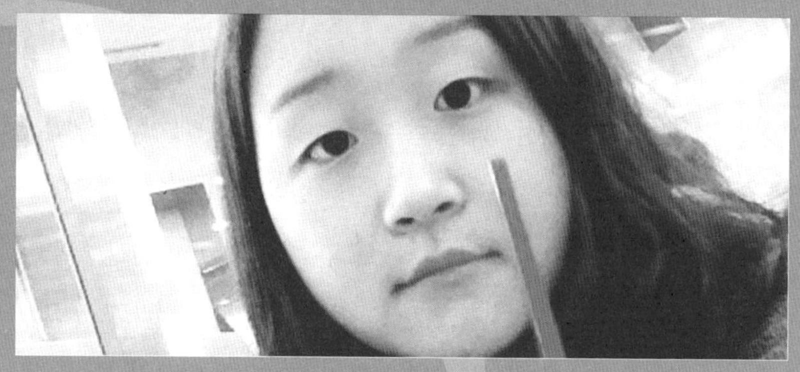

서울대를 목표로 할 정도로 공부를 잘하진 않았습니다

최선을 다한다면 생각지도 못한 길이 열립니다. 저 역시도 제가 서울대에 갈 수 있을 거라고 한번도 생각하지 못했지만 도전하지 않으면 길이 열리지 않아요. 여러분의 가능성을 과소평가 하지 말고 당당하게 꿈을 향해 도전하세요.

저는 지금 서울대 사회과학부에 재학 중인데요. 원래 목표가 서울대였다거나, 서울대를 가기 위해서 노력한 경우는 아니에요. 제가 고등학교 때 아무렇지도 않게 서울대를 목표로 할 정도로 공부를 잘하진 않았거든요. 그래도 내신 성적은 우수한 편이라서 고3때 담임선생님께서 서울대에 수시를 지원해 보는 것이 어떻겠냐고 권유를 하셨어요.

처음에는 서울대하면 우리나라 최고의 대학 중 하나인데, 저같은 사람이 거길 들어간다는 것이 뭔가 말이 안 되는 것 같더라고요. 그래서 '내가 무슨 서울대야?' 라는 생각에 원서를 쓰지 않으려고 했는데, 어머님께서 그래도 선생님이 권해주시는 건데, 한번 지원해보는 것이 낫지 않겠냐고 설득해주셨어요. 사회과학부에 들어왔으니 여기에서는 평소 관심이 있는 경영을 공부해보고 싶어요. 수시입학 전형이 특기자 전형이라 아무래도 운이 좋은 편이라고 사람들이 생각하는데, 그래도 3년 동안 정말 열심히 하긴 했어요. 이렇게 얘기하다 보니 제가 서울대를 간 것은 수시를 권유한 선생님과 어머님 덕분인 것 같네요. 정말 감사드려요.

2. 고등학교 때의 전반적인 신앙생활은 어땠나요?

저는 모태신앙이어서 어려서부터 자연스럽게 교회에 나가기 시작했어요.

그러다 보니 뭐 자연스럽게 교회 내에서 봉사도 하고, 학교에서도 선교부 같은 것을 하고 이런저런 일을 했지만, 지금 돌이켜보면 제 안에 뭔가 뚜렷한 확신이나 흔들림 없는 믿음을 가지고 그런 일들을 한 것은 아닌 거 같아요.

고등학교 1,2학년 때는 신앙 문제에 대한 고민도 아예 없었고, 또 주위에 친한 친구들이 다 신앙이 좋은 친구들이어서 학교생활보다 신앙생활에 더 집중하면서 보냈어요. 특히 제가 1,2학년 때 선교부에 있었는데, 그때 여러 가지 일들을 정말 열심히 했어요.

그런데 고2가 지나면서부터 제 신앙과 믿음에 대해서 의심이 가기 시작했어요. 신앙이 나의 의지로 선택한 것이 아니라, 어려서부터 그냥 몸에 밴 자연스런 습관인 것 같은 느낌이 들었는데, 그게 너무 싫었어요. 그때에 제 주위에서 신앙생활 열심히 하는 친구들을 보면 아주 부러운 느낌이 들었어요. 친구들이 가지고 있는 확신과 체험이 저에게는 없었거든요. 그런데 그런 마음이 있으면서도 또 형식적으로는 교회에 가고 봉사를 해야 되니까 이런 상황이 저에게 너무 힘들게 다가왔어요.

그래서 한번은 정말로 울면서 선생님께 이런 문제를 놓고 상담을 받았어요. 그런데 선생님도 저와 같은 경험을 하며 학창시절을 보내셨더라고요. 그래서 저의 심정을 잘 이해해주시고, 위로해주셨어요. 그리고 억지로 믿을 필요는 없지만 단 번에 신앙을 떠나지 말고, 최소한의 끈이라도 잡고 있으라고 조언해 주셨어요. 극단적인 선택을 하면 나중에 다시 확신이 생기고 돌아오고 싶어도 상황이 힘들어진다고 하셨어요.

그래서 저는 선생님의 조언대로 그때부터 선교부도 그만 하고, 교회 내에서 봉사도 줄이고, 그냥 출석만 하는 정말 최소한의 끈만 잡고 신앙생활을 했어요. 그런데 확실히 그때 선생님이 그렇게 말씀해주셔서 제가 마음의 부담도 많이 덜고, 또 그런 과정을 통해서 지금의 확실한 믿음의 자리를 찾을 수 있었던 것 같아요.

3. 고3 때의 신앙생활이 대학 생활에 어떤 영향을 미쳤나요?

방금 말씀드렸듯이 제가 믿음을 의심하기 시작한 게 고2때부터였어요.

당연히 고3 때도 최소한의 신앙생활만 하고 있었죠. 오히려 믿음이 약했기 때문에 교회에 아예 안 나갈 수도 있었다고 생각할 수 있지만, 사실 저는 교회에 가는 것이 공부에 악영향을 미치거나 공부 시간을 빼앗는다고는 한 번도 생각 안 해봤어요. 교회 가서 예배드리고 오는 시간을 합치면 2시간 정도 밖에 안 되거든요? 사람이 24시간 공부만 할 수 있으면 모를까, 그건 가능한 일이 아니에요. 일주일, 그것도 휴일에 2시간 때문에 성적에 방해를 받는다고 생각하는건 제가 보기엔 그냥 핑계에 지나지 않은 것 같아요.

그리고 최소한의 신앙생활만 했기 때문에 저는 다른 사람들처럼 고3 때의 격렬한 체험이나 간증 같은 것들이 없어요. 그런데 정말 신기한 것은 그렇게 건성으로 신앙생활을 하는데도 많은 도움이 되었다는 사실이에요.

제가 고3 때에도 절대로 빠지지 않았던 것은 주일 예배와 학교에서 야자 끝나고 하는 10시 기도회였어요. 하지만 제 마음이 정말로 믿음에서 멀어져 있었거든요. 그런 상황에서 기도가 잘 나올 리가 없죠. 그래도 대부분 친구들이 많이 오고 그러니까 열심히 기도할 때도 있었어요. 그런데 마음이 내키지 않을 때는 그냥 입도 안 열고 그냥 앉아만 있다 왔는데, 마음이 안 좋거나 힘든 일이 있을 때는 그렇게 기도회 자리에 앉아만 있다 와도 마음이 많이 진정이 되고 위로가 되는 거예요. 제가 당시에 기도회나 신앙에 뭔가 좋은 감정을 가지고 있던 것도 아니었고, 그렇다고 저의 어려움들을 고백하며 뜨겁게 기도한 것도 아니었는데 정말 신기했어요. 주일 날 드리는 예배도 마찬가지였고요. 몇 년간 같이 보던 사람들 만나고, 또 익숙한 예배를 통해 찬양하고 좋은 말씀 듣고 하니까, 그 자체만으로도 많은 안정이 되더라고요.

그리고 제가 대학을 간 뒤에 이제 믿음이 자리를 잡고 다시 열심히 신앙생활을 하게 되었는데요. 상담 받을 때 선생님이 말씀해주신 최소한의 끈이 정말로 큰 도움이 된다는 것을 깨달았어요. 아마 제가 그때 그냥 교회고 뭐고 다 내치고 저 하고 싶은 대로 살았으면 다시 못 돌아왔을 수도 있어요. 그런데 제가 그런 상태에서도 기도회와 주일 예배를 빼먹지 않으니까 대학에 와서도 더 신앙생활을 열심히 할 수 있는 기회들이 열린 것 같아요.

지금은 제가 저희 학부 안의 기독교 동아리 연합에도 속해 있어요. 그리고 또 제가 교회 다니는 걸 어떻게 아셨는지, 선배들도 기독교 동아리 들어오라고 권유를 많이들 해주셨어요. 의심과 회의 같은 것들도 모두 신앙생활의 일부분이고 한 과정인데, 그 과정에서도 주일 성수라는 최소한의 끈을 놓지 않으면 결국엔 하나님이 신앙생활을 잘 할 수 있는 환경으로 인도해주신다는 걸 느꼈어요.

저 같이 모태신앙으로 자란 아이들은 보통 신앙생활 하기에 좋도록 환경적인 부분은 잘 갖춰져 있지만 스스로 믿음을 키울 기회가 없었다는 사실 때문에 어려움도 분명 있거든요. 그래도 제가 누차 강조하는 최소한의 끈은 절대로 놓지 않았으면 좋겠어요.

그래서 고3 때 신앙생활을 놓고 고민하는 분들을 위해서 조언을 드리자면, 원래 고3이 되면 마음이 조급해져요. 아무리 작은 시간도 아깝게 느껴지고, 어떻게든 조금이라도 더 시간을 확보하려고 안절부절못하게 되요.

저희 학교에서는 매일 아침 예배 시간이 있었는데, 정말 30분만 딱 드리면 되는 시간이었어요. 그런데 고3이 되면서부터 아이들이 공부를 하기 시작해 부담스러워해요. 저랑 같이 선교부 활동했던 믿음이 좋은 아이들도 고3 시간이 지나면서 결국 이 불안감을 이기지 못하고 공부를 하는 경우도 있었어요. 하지만 정말로 자신이 생각한대로 정확하게 공부하고 있는 사람에게는 이런 부담감이 없어요. 저 같은 경우도 제가 계획한 대로 정확히 공부를 하고 있었기 때문에 그런 부담감이 덜했고요. 그리고 여러분도 공부나 교회가 아니라 더 쓸데없는 데에 시간 낭비하는 사람들이 훨씬 많다는 사실을 알고 계실 거예요.

4. 나만의 공부방법이 있다면?

제가 뭐 다른 분들에게 공부법을 가르쳐드릴 정도로 성적이 뛰어났던 것은 아니지만, 그래도 제가 생각하기에 효과가 좋았던 방법들을 말씀드릴게요. 그래도 어떤 분들에게는 도움이 될 수 있잖아요?

저는 모든 공부를 시간을 재면서 했어요. 스톱워치를 가지고, 정해진 시간은 절대로 다른 것에 주의를 빼앗기지 않고 오로지 공부에만 집중하는 것이 저의 주된 공부 방법이었어요.

대부분의 친구들을 보면 공부를 하다가 친구가 찾아온다던가, 혹은 문자나 카톡이 온다던가 하면, 공부를 멈추고 거기에 주의를 빼앗기거든요. 공부할 때 너무 자주 딴 생각이 들거나 자주 기분전환을 하고 싶다면 당시에는 정말 얼마 안 되는 것 같은 자투리 시간들이 나중에는 엄청난 차이를 부른다는 사실을 꼭 기억하세요. 실제로 이런 시간들을 계산해서 합쳐보면 얼마나 큰 시간이 되는지 다들 놀라실 거예요.

저 같은 경우는 한번 야자를 하다가 친구랑 수다를 떨게 된 적이 있었어요. 정신을 차려보니 야자시간이 끝났어요. 시간이 가는 줄도 모르고 떠들었던 거예요. 저는 그때 공부할 때 집중하는 것과 작은 시간들을 활용하는 것이 얼마나 중요한지 깨달았어요. 물론 처음에는 집중할 수 있는 시간이 얼마 안 돼요. 그런데 이렇게 훈련을 하다 보니까 나중에는 제가 하루에 공부한 양을 계산해보니 8, 9시간 씩 막 나오고 그랬어요. 집중력과 주의력이 조금 부족한 분들에게는 제 공부 방법이 도움이 될 수도 있을 것 같아요.

먼저 언어영역의 경우에는 책을 많이 읽은 사람들이 유리해요.

제 주위를 봐도 비슷한 실력이면 책을 더 많이 읽었던 친구들이 언어점수는 높더라고요. 그런데 그렇다고 고3인데 책을 마냥 읽고 있을 수는 없잖아요. 그래서 이제 와서 독서를 하는 것보다는 더 열심히 공부하는 수밖에 없다고 생각했어요.

처음에는 공부의 틀을 잡는 게 중요해요. 그래서 일단 기출문제도 풀어보고 유형별 문제집도 풀어보면서 내가 어떤 유형에 강하고 약한지 파악을 하면서 공부의 방향을 잡아야 되요.

그 다음에는 될 수 있는 한 모의고사를 많이 푸는 게 좋고요. 주어진 시간 내에 문제를 풀 수 있는 연습을 되도록 빨리 시작하는 게 좋아요. 처음에는 시간 재면서 그 안에 문제 풀다보면 초조해서 제 실력을 발휘 못해요. 물론 금방 적응할 수도 있는데, 수능 전 한 두 달 준비해서는 적응이 끝나지 않을 수도 있으니까, 최대한 시간을 정해 놓고 그 안에 주어진 문제를 푸는 방식으로 연습을 해보는 게 좋아요.

그리고 비문학 풀 때는 문장 전체를 이해하려고 하지 마세요. 아인슈타인의 상대성이론 같이 어려운 내용이 나올 때도 있는데, 그 짧은 지문으로 어떻게 전부 이해하겠어요? 문제를 낸 국어선생님들도 힘들죠. 그런 문제들은 내용 이해를 물어보기 위해 출제된 문제가 아니라고 생각해요.

저 같은 경우에는 문단 별로 앞에 번호를 쓰고, 그 다음에 말을 하는 사람을 찾은 뒤에, 전하고자 하는 주제가 무엇인지를 찾아요. 만약에 논설문 형식이라면 화자 대신에 주제가 있겠죠, 이렇게 파악을 하면 설령 지문이 설명하는 내용에 대해서 전혀 이해하지 못했다고 하더라도 문제는 풀 수가 있어요. 요령이 생기면 지문의 일정 부분만을 읽고도 답을 찾을 수 있고요.

그리고 틀린 문제들은 유형으로 파악했어요. 오답 노트를 만들지는 않았지만, 틀린 문제의 유형이 다른 문제집에서 다시 나오면 그 문제들을 더욱 집중해서 풀었어요. 개인적으로 오답노트는 만드는 시간이 너무 아까웠고, 또 이상하게 잘 안 보게 되더라고요.

그리고 1학년 때 점수 잘나왔다고 너무 방심하면 안돼요. 저도 어렸을 때 독서량이 좀 되는 편이어서 그런지는 몰라도 1학년 때는 공부 대충해도 언어가 잘 나왔어요. 그런데 2학년, 3학년 올라가면서 점수가 팍팍 떨어지더라고요. 특히 아직 1, 2학년인 친구들은 고전문학을 조금 미리 해두면 시간 관리하기가 편해요. 고전문학의 경우는 이해보다는 일단 외우고 들어가야 되는 경향이 있거든요.

그리고 수능이 가까워질수록 모의고사와 EBS, 기출문제 위주로 점점 공부 방법을 바꿔나가세요. 어느 정도 지식이 쌓이면 그때부터는 감이예요. 지식을 활용할 수 있는 감을 유지하면서 수능까지 이어지는 것이 언어영역에서는 중요하다고 생각해요.

그리고 제가 위에 강조했듯이 아직 고3이 아닌 친구들은 언어영역이 약하다면 책을 틈틈이 읽으세요. 어렸을 때부터 독서를 습관처럼 했던 친구 중 한 명은 언어 공부를 거의 하지 않았는데도 저보다 언어 점수가 잘 나왔어요.

그 다음은 수학인데요.

일단 저는 수학을 못하기도 했지만 엄청 싫어하기도 했어요. 그래서 저는 수학을 싫어하는 친구들의 마음을 정말 100% 이해하고 있어요. 들어도 잘 모르겠고, 수학을 공부하는 것 자체가 싫어서 한 번은 문제집을 찢으면서 짜증을 냈던 적도 있어요.

그런데 수능을 보려면 어쩔 수가 없잖아요? 그래서 마음을 다잡고 '어차피 해야 하는 공부, 지금은 잠깐 수학을 사랑해보자' 라고 마음을 먹었죠.

수학 공부에서 가장 중요한 것은 절대로 틀리더라도 답지를 보지 않는 거예요. 저도 처음에는 틀린 문제는 바로 답지를 봤어요. 그러면 그게 금방은 이해가 된 것 같고 다음에 그런 문제를 만나면 풀 수 있을 것 같은 기분이 들어요. 그런데 아무리 그런 식으로 공부를 해도 틀린 문제는 계속 틀리는 거예요. 그래서 답지를 보지 않고 어떻게든 풀려고 했어요. 저는 이 방법이 효과가 있다고 생각하는 게, 제가 수학을 싫어한 만큼 점수도 나빴는데요. 이런 방법으로 공부를 하고 나서는 점수가 정말로 많이 올랐어요.

성공 사례 한 가지 더 말씀드릴게요.

제 친구 중에 수학이 8등급이 나왔던 아이가 있어요. 그 아이도 저랑 마찬가지로 수학을 엄청 싫어했어요. 그런데 제가 이 공부 방법을 추천해줬어요. 그 다음부터 그 아이도 저와 같은 방법으로 수학을 엄청 열심히 공부했어요. 정말 하루에 막 9시간씩 수학만 공부할 때도 있었던 것 같아요. 그러더니 결국 수능 때 수리영역 만점을 받았어요.

또, 제가 공부 잘하는 아이들의 수학 공부 방법을 유심히 관찰한 결과 대부분 답지를 잘 안보더라고요. 그런데 이제 막 열심히 공부하려고 하거나, 아직 공부 성적이 별로인 아이들은 답지부터 꺼내놓더라고요.

그리고 수리 영역 역시 오답노트는 만들지 않았어요. 사람마다 조금씩 스타일이 다른데, 저의 경우는 만드는 시간이 너무 아깝게 느껴졌고, 제 성격이 한 번 본거 또 보는 걸 별로 안 좋아하는 스타일이라서 대신에 틀린 문제를 분석할 때는 엄청 꼼꼼하게 하고 넘어갔어요.

사탐은 사실 말씀드릴게 별로 없어요.

왜냐하면 수학과는 달리 저는 사탐을 정말 열심히 공부했거든요. 선생님 수업 시간도 하나도 안 놓치고 다 듣고, 사탐 내신 1등급을 받으려는 목표를 갖고 공부를 하다 보니, 아무래도 수학과는 달리 기본적인 내공이 든든히 쌓여있었어요.

사탐은 내신 공부와 수능 공부가 비슷한 점이 많은 것 같아요. 그래서 아직 시간적 여유가 많은 학생이라면 내신공부를 통해서 기초를 다지고, 수능 대비는 고3이 되기 전부터 본격적으로 시작하면 좋을 것 같아요.

사탐은 아무래도 선택권이 많아서 자기가 좋아하는 과목 위주로 구성을 할 수가 있으니까 어느 정도 기본기만 된다면 다들 좋은 점수를 받을 수 있을 거예요. 대신에 선택을 할 때 미루지 말고 최대한 빨리 결정을 하세요. 언어나 수리는 공부를 해도 점수가 늦게 오를 수가 있는데, 사탐의 경우는 공부한 것이 점수로 나타나는 시간이 빨라요. 아, 그리고 모든 과목 공통인데, EBS가 중요한 건 아시죠? 연계율이 70~80% 정도 되니까 EBS 정말 중요하게 생각하셔야 되요.

그리고 마지막으로 외국어 말씀드릴게요.

근데 외국어는 제가 조금 독특하게 공부해서 도움이 되실지 모르겠어요. 대부분 외국어 공부에서 단어가 가장 중요하다고들 말씀하시잖아요? 그런데 저는 단어 외우는 게 너무 싫었어요. 제가 아주 어렸을 때 영어 학원을 다닌 적이 있었는데, 그 때도 영어 단어 외우는 게 너무 싫어서 숙제를 거의 제대로 안 해갔어요. 그런데 수능 때는 어쩔 수 없이 외워야 되잖아요? 그래서 가만히 제가 문제를 풀다보니까 계속해서 반복되는 단어들이 많이 보이는 거예요. 그래서 그렇게 중요한 단어들 위주로만 암기를 하면서 EBS문제 위주로 푸는 전략을 세웠어요. 양보다는 질을 선택한 거죠. 물론 기본적으로는 단어를 많이 알수록 좋은 것이 당연해요.

그리고 외국어는 문항 수에 비해서 유형이 매우 다양하잖아요. 빈

칸 채우기나, 문법이나, 대명사 문제, 듣기 평가, 등등 그런데 이런 문제
들의 유형을 어느 정도 파악을 하면 그 문제를 풀 때 시간을 많이 절
약할 수 있어요.

간단한 예를 하나 들어드릴게요.

빈칸 채우기나 문법 문제는 독해를 할 필요가 전혀 없어요. 빈칸 앞
에 뒤에 맥락만 파악하면 바로 답을 쓸 수 있어요. 문법은 그 단어가
들어있는 문장 하나만 해석해도 답을 낼 수 있고요. 문제 유형 별로
이런 식의 요령을 잘 쌓아둔다면 들이는 노력에 비해서 좋은 결과를
얻을 수 있을 거라고 생각해요.

6. 고3 때의 하루 일과는?

아침 6시에 일어나서 등교 준비를 해요.

그리고 40분까지 학교에 도착해 식당에서 아침을 먹었어요. 그리고
7시 20분부터 학교 수업을 듣고, 자습시간엔 자습 하고, 이런 식으로 8
교시까지 마쳤어요. 쉬는 시간이나 점심시간에는 공부할 시간이 짧아
서 외국어나 언어를 하면 맥이 끊기는 느낌이 들어서 수학 문제 위주
로 공부했어요.

그리고 야자나 자습 시간을 활용해서 거의 모든 과목에 대한 공부를 매일 했어요. 한, 두 과목에 집중을 하면 다른 과목 점수가 내려갈까 봐 너무 불안해서요. 평소 하는 만큼은 다 기본으로 하고, 대신에 부족한 부분은 시간을 조금 더 해서 보충하는 식으로 고3 생활을 보냈어요.

그리고 고등학교 내내 다이어리를 거의 빼먹지 않고 썼어요. 제가 시간을 재면서 공부한다고 말씀드렸는데, 그 다이어리에 제가 고등학교 생활동안 매일 공부한 시간과 특이사항들이 모두 적혀 있어요.

7. 공부하면서 어려웠던 점이나, 스트레스 해소방법은?

아무래도 제가 서울대에 가다보니, 공부를 엄청 좋아할 거라는 생각들을 많이 하시는데요. 고3 때 공부하던 모든 순간이 스트레스였어요.

공부를 하면서도 정말 좋아서 한적보다는 어쩔 수 없이 한 적이 대부분이었어요. 야자를 하면서도 매일 도망가고 싶고, 수학문제 풀때도 정말 너무 하기 싫었어요. 그런데 이거 안하면 안 된다는 걸 확실히 알고 있었기 때문에 울며 겨자 먹기 식으로 그냥 꾹꾹 참으면서 했어요.

　　너무 스트레스가 심할 때는 그나마 스트레스 덜 받는 좋아하는 사람같은 과목으로 바꿔서 공부하기도 했고요, 컨디션에 따라서 과목도 조금씩 바꿔가면서 공부했어요. 스트레스를 관리했다고 보시면 되요. 그리고 가장 어려웠던 게 공부하는 방법을 몰랐을 때예요. 다행히 고3 때는 저에게 맞는 공부방법이 정해져 있어서 그대로 따르기만 하면 됐는데 1,2학년 때에는 애초에 공부를 하는 방법에 대해서 몰라서 너무 짜증이 났어요. 그렇게 힘들 때는 선생님들 찾아다니면서 조언도 받고, 공부 잘하는 아이들도 분석하고 하면서 극복했던 것 같아요. 교회 생활도 많은 도움이 되었는데 그 부분에 대한 건 아까 위에서 말씀드렸고요.

8. 신앙으로 고민하는 고3들에게 해주고 싶은 말은?

　　아마 신앙으로 고민하는 학생들이 가장 궁금해 하는 것은 '신앙이 공부에 방해가 되는지?' 에 대한 이야기일 거예요.

　　그러나 제 개인적인 경험으로는 신앙이 학업에 영향을 준다는 것은 정말 핑계예요. 왜냐하면 제가 고3때 그렇게 의심을 가지고 교회를 다녔지만 학업에는 전혀 지장이 없었거든요.

정말 그렇게 신경이 쓰인다면, 일상에서 낭비하는 시간이 얼마나 되는지 한번 체크를 한 뒤에 그 시간을 조금씩 절약해서 공부를 하는 방법을 추천해 드리고 싶어요. 그러면 교회도 갈 수 있고, 오히려 일상에서 쓸데없는 시간을 줄이면서 공부에 더욱 집중도 할 수 있거든요. 물론 너무 신앙생활을 과도하게 하는 것은 몸에 무리가 가거나 공부에 시간을 빼앗길 수도 있어요. 그러나 일주일에 한두 번 드리는 예배라든가, 1년에 2,3일 가는 수련회가 대학 합격의 당락을 결정할 정도로 중요하다는 사실에는 선뜻 동의하기가 어려워요. 제가 말씀드리고 싶은 것은 사람은 24시간 공부만 하면서 살 수가 없어요. 아무리 공부를 열심히 한다고 해도 분명 그 사이에 자기가 쓰고 있는 시간이 있을 수밖에 없어요. 정 마음이 불안하다면 그런 시간들을 잘 다루어서 마음 편히 교회 갈 수 있는 환경을 만들어보세요.

제가 고3때 신앙이 흔들렸기 때문에 아마 집에서 교회 가지 말라고 했으면 신나서 안가기 시작했을 거예요. 그런데 지금 돌아보니 가장 감사했던 게 뭔지 아세요? 그런 상황에서도 부모님이 교회를 빠지지 않고 갈 수 있게 배려하고 인도해주셨다는 사실이에요.

물론 제가 교회 다녀서 지금처럼 서울대를 못 갔을 수도 있죠. 어떤 친구들은 교회 안다니면서 좋은 대학 갔을 수도 있어요. 그러나 제가 만약 그때 교회를 다니지 않았다면 서울대를 간 것과는 상관없이 엄청 못난 사람이 되었을 것 같아요. 자기를 위해서 공부하고 돈만 벌려고 하고, 온통 인생을 자기만을 위해서 사는 그런 사람이요.

　　제 비전은 원래 엄청 큰 사업체를 운영하면서 사회적으로 높은 위치에 올라서 남부럽지 않게 사는 것이었어요.

　　그런데 고3 생활을 하면서 신앙의 가치를 깨달아가면서 이런 것들이 조금씩 바뀌었어요. 작은 일을 하더라도 사회에 어려운 사람들을 위해서 도울 수 있는 사업을 하고 싶어요. 돈을 많이 벌어서 기부하는 것이 아니라, 그냥 하는 일 자체로 사람들에게 도움을 줄 수 있는 사업이요. 여러분도 남을 행복하게 만들면서 자신도 행복해지는 좋은 꿈들을 분명 찾으실 수 있을 것이라고 생각해요.

　　신앙을 가지고 있다는 것은 정말로 좋은 일이예요. 저처럼 어떤 시련이 다가와도 최소한의 끈은 절대로 놓지 않으셨으면 좋겠어요. 그리고 공부 잘해서 좋은 대학가는 것도 중요하지만 정말로 중요한 것은 '무엇을 목표로 할 것인가?' 를 말할 수 있는 비전이에요.

　　신앙생활 열심히 하고 기도하며 공부한다고 모두가 명문대에 갈 수는 없잖아요? 그리고 명문대에 간다고 반드시 가치 있고 행복한 삶을 사는 것도 아니에요. 그러니까 그런 부담감을 모두 떨쳐버리고 그냥 고3 때의 생활을 최선을 다해 살았으면 좋겠어요. 신앙을 통한 비전도 찾으면서, 열심히 학업에 매진하면서, 좋은 성적보다 더 가치 있는 추억들을 친구들과 만들어 가면 좋겠어요. 그럼 분명히 하나님이 좋은 생각과 좋은 길을 열어주실 거예요.

10. 고 3 부모님들에게 드리고 싶은 말은?

저는 사실 고3 때뿐 아니라 그전부터 신앙의 문제로 엄청 고민을 많이 했었어요. 모태 신앙이라서 그동안 아무 생각 없이 그냥 교회 다니는 것이 저의 생활의 일부였었거든요. 그런데 한번 그런 생활의 의심이 드니까 회의감이 들면서 뭐랄까 그동안 저의 삶과 인생이 조금 허무해지는 것 같은 느낌이 들게 되었어요.

그런데 정말로 말씀드리고 싶은 것은 그런 심각한 상태에서도 교회를 나가는 것이 제 마음에 큰 안정과 도움이 되었다는 점이예요. 그것도 힘든 고3 생활에 더더욱요. 그래서 저는 제가 믿음을 잃고 방황했을 때 최소한의 신앙생활만이라도 유지하라고 설득해주고 저를 이해해주셨던 선생님께 정말로 감사해요. 이런 저를 이해해주셨던 부모님도 마찬가지고요.

그리고 저의 이야기를 듣고 계시는 부모님들도 마찬가지로 자녀들이 신앙의 문제로 고민하고 어려워 할 때, 최소한의 끈만이라도 놓지 않고 유지할 수 있도록 독려해주시고, 이해해주시고, 기도해주시는 부모님이 되셨으면 좋겠어요. 저에게 아마 그 최소한의 신앙생활이 없었다면 신앙도 잃고 성적도 잃고, 엄청난 방황을 하게 되었을지도 몰라요.

그리고 부모님의 자녀분들이 당장에는 그런 결정에 반발하고 더 힘들어 한다 하더라도 그 실낱같은 신앙생활을 통해 결국에는 신앙도 하나님께 돌아오고 비전도 찾게 되고 거기에 걸맞은 노력을 하는 커다란 변화가 일어날 것이라고 저는 생각해요.

고려대학교 1학년

김 가 형

진로를 먼저 정해야
진짜 공부가 됩니다

공부를 효율적으로 하고 싶으면 먼저 진로에 대해서 고민을 한 뒤 목표를 정해보세요. 목표를 정하면 필요한 노력의 양을 정할 수 있고, 최소한의 시간을 최대한의 효율로 사용할 수 있게 됩니다.

1. 지금 다니는 학교와 과를 선택하게 된 이유가 있나요?

일단 저는 과가 학교보다 더 중요하다고 봐요.

학교는 등급과 점수에 따라서 들어갈 수 있는 조건이 달라지겠지만 과는 점수에 따라서 어떤 학교든지 맞춰서 들어갈 수 있잖아요. 또 들어간 학교에 따른 차이보다는 선택한 과가 앞으로의 진로에 더 큰 영향을 주기도 하고요.

제가 고등학교 올라온 다음에 진로에 대해서 한번 진지하게 고민한 적이 있었어요.

어머니께서는 제가 교사가 되기를 바라셨고, 반대로 아버지는 판사나 검사 같은 법조계 일을 하기를 바라셨어요. 그런데 저는 원래부터 수학이랑 과학을 워낙 좋아해서 문과보다는 이과가 더 적성에 맞았어요. 그래서 아무래도 하기 싫은 일을 억지로 하기보다는 적성에 맞는 이과로 진학을 하겠다고 말씀드렸죠. 그랬더니 부모님이 이과를 갈 거면 의사가 되는 건 어떻겠냐고 하셨어요. 그래서 의대를 한 번 알아봤는데, 그것도 나쁘지 않을 것 같아서 처음엔 의대를 가려고 목표를 세웠어요.

그런데 의대를 가려면 공부를 엄청 잘해야 되잖아요? 그래서 1,2학년 때는 정말 무서울 정도로 열심히 공부를 했어요. 그런데 제가 그때는 열심히만 했지 아직 저에게 맞는 공부 방법을 찾지 못해서 효율성이 좋지 않아서 점수는 거의 오르지가 않았어요.

그렇게 고2를 마치고 고3이 되면서 다시 한번 진로에 대해서 생각을 해봤어요. 그래서 담임선생님이랑 여러 번 상담을 했는데, 아무래도 수시 쪽으로 알아보는 것이 좋겠다고 말씀을 하시더라고요.

그래서 수시를 준비하면서 다시 한번 저 스스로에 대해서 깊이 생각을 해보니까, 제가 의대를 정말 가고 싶어 하는 건지, 아니면 다른 이유 때문에 의대를 원하는 건지 감이 잘 안 왔어요. 그래서 본질적인 고민을 하다가 기도회에 나가서 열심히 기도하기 시작했어요. 제 비전을 찾게 해달라는 것이 그때 저의 유일한 기도제목이었어요.

기도를 하자마자 응답이 바로 왔으면 정말 좋았을 텐데, 그렇게 바로 떠오르지는 않더라고요. 그래서 제가 좋아하는 과목과 제가 정말로 하고 싶은 일들을 잘 생각하면서 정리를 해보니까 아무래도 저는 물리와 수학을 활용하는 기계 쪽으로 가야될 것 같아서 기계공학과로 가기로 결정을 했어요. 부모님도 설득해서 맘을 바꾸시게 했죠.

다른 사람한테 등 떠밀려서 제 진로를 결정하는 것은 좀 아닌 것 같더라고요. 그래서 제가 수능 본 점수로는 고대 기계공학과보다 더 컷트 라인이 높은 학과였던 화학생물공학과도 들어갈 수 있었지만 그냥 제가 가고 싶은 과로 들어가기로 결정했어요.

제가 이 부분에 대해서 이렇게 길게 이야기하는 이유는 처음에 과와 학교에 대한 계획이 중요하기 때문이에요.

주위를 보면 대부분 점수가 나온 뒤에 들어갈 학교와 과를 생각하더라고요. 그리고 점수에 맞춰서 그냥 가장 좋은 대학 가는 친구들도 있어요. 그런데 그렇게 선택하는 것은 바람직한 진학방법이 아닌 것 같아요. 대학가면 등록금도 비싸고, 공부도 더 심도 있게 해야 되고 부가적으로 들어가는 비용과 노력이 만만치 않잖아요. 처음부터 계획을 잘 세워서 소중한 돈과 시간을 쓸데없이 낭비하지 않았으면 좋겠어요.

2. 고등학교 때 신앙생활은 어땠나요?

저는 교회를 어려서부터 나가지 않고, 친한 친구의 전도로 다니기 시작했어요.

처음에는 뭐 믿음이 있고 그런 건 전혀 아니었어요. 그냥 교회 나가니까, 분위기도 좋고 사람들도 많이 만나고 하니까 너무 좋더라고요. 그런 영향도 있었기에 그냥 의무감을 가지고 일주일에 한번씩 교회에 나갔어요. 순전히 출석하는 의미였죠. 그러다가 제가 중학교에서 공부를 좀 하는 것을 알고 교회 목사님께서 저에게 고등학교를 추천해주셨어요. 미션 스쿨이었는데, 알아보니까 프로그램이나 제도가 아주 잘 되어 있더라고요. 그래서 거기에 지원을 했는데 장학생으로 합격을 하게 됐어요. 학교에 들어가니까 미션 스쿨이라 아무래도 경건생활도 많이 하고 주위에 모태 신앙이나 믿음 좋은 아이들도 많고 하니까 그런 환경을 통해서 조금씩 믿음이 더 자라났던 것 같아요.

그러다가 학교 채플 시간에 제가 크게 변화된 일이 일어났어요.

채플 시간에 목사님이 말씀을 전해주시는데, 아무리 우리가 힘들고 어려운 상황에 있더라도 기도하고 간구하면 하나님이 들어주신다는 내용이었어요. 그 말씀이 너무 은혜가 돼서 그날 정말 울면서 기도를 하는 시간을 가졌어요. 그리고 기도를 마치니까 신기하게도 마음이 너무나 평안한 거예요. 뭔가 완전히 다른 사람이 된 느낌이라고나 할까요? 그 때부터 신앙생활이 완전히 180도 변했어요. 의무감이 아닌 정말로 드리는 마음으로 예배에 참석하고 말씀을 들었어요. 하나님이 계시다는 것이 그때부터 진정으로 믿어졌어요. 그런데 한 가지 정말로 아쉬운 점이 있어요. 그게 뭐냐면 제가 예배도 잘 나가고 기도도 열심히 하고 경건생활에는 문제가 없었지만, 학생회 임원을 한다든가 하면서 봉사를 하지 못한 점이 너무 아쉬워요. 고3 때는 그렇다치고 1,2 학년 때는 충분히 할 시간과 기회가 있었거든요. 임원이 되도 뭐 평일에는 그렇게 시간을 많이 안 쓰거든요. 주일날만 하루 교회에서 봉사하면 되는데, '왜 그것조차 한 번도 안 했을까?' 라는 생각이 많이 들면서 크게 후회가 됐어요.

3. 신앙생활이 학업에 어떤 영향을 주었나요? 좋은 점과 나쁜 점을 꼽자면?

방금 말씀드렸듯이 제가 교회는 열심히 다녔지만 그렇게 막 엄청 시간을 투자하면서 어떤 직책을 맡은 것은 아니었어요. 그래도 공과공부도 참석하고, 행사하는 것도 다 나가고 그랬거든요.

그런데 고등학교 생활 내내, 고3 때를 포함해서 정말 교회 나가는 것 때문에 한 번도 스트레스를 받은 적이 없어요. 왜냐하면 제가 채플 시간에 하나님이 살아 계신다는 것을 체험한 뒤에는 주일날 하나님께 예배드리는 것이 정말로 너무나 당연하다고 생각을 했거든요. 그래서 만약 주일 성수만 가지고도 고민이 되는 학생이라면 신앙의 체험이 아직 없기 때문이라고도 생각돼요.

저도 부모님이 고1 때까지는 교회 나가는 것 가지고 아무 말씀 안하셨어요. 그런데 고2 때부터 그래도 이제 수능을 준비해야 되는데, 교회를 나가기보다는 조금 더 공부에 투자하는 것이 낫지 않겠냐고 하시더라고요. 아니면 차라리 잠을 더 자라고까지 말씀하셨어요. 그래서 말다툼도 많이 했는데, 제가 부모님께 교회 나가는 것이 저에게 반드시 필요한 일이라고 말씀드렸어요. 그냥 허비하는 시간이나 어떤 다른 목적이 아니라 정말로 하나님을 만나고 오면 마음이 편해지고 잠 조금 더 자거나 문제집 푸는 것보다 더 공부에 도움이 된다고요. 그리고 또 제가 그만큼 열심히 하니까 그 다음부터는 부모님도 제가 교회 가는 것에 대해서는 뭐라고 말씀하시지 않으셨어요.

　나쁜 점은… 글쎄, 잘 모르겠어요. 아마 저같은 경우보다는 뚜렷한 확신이 없이 교회에 나간다면 그 사실 자체가 나쁜 점으로 작용할 것 같아요. 원래 놀때 놀고 공부할 때는 공부하는 학생들에게는 놀이가 공부에 도움을 주지만 놀면서 공부걱정 하는 학생들에게는 오히려 나쁘게 작용하잖아요?

　그런데 저는 이런 논리를 떠나서 정말로 예배가 도움이 된다고 생각하고, 만약에 개인적인 신앙의 체험이 있다면 조금도 망설이거나 고민을 해서는 안 된다고 생각해요. 1, 2시간의 공부나 잠보다도 소중하게 여기지 않는 하나님이라면 믿는다고 이야기하는 것도 좀 이상한 것 같지 않나요? 그리고 그렇게 대학 간다고 해서 다시 열심히 신앙생활 할 수 있을 것 같지도 않아요.

4. 구체적인 공부방법과 노하우가 있다면 알려주세요.

　미리 말씀드리고 싶은 것은 사람마다 모두 자신에게 맞는 공부방법

이 있다는 거예요.

제가 처음 고3 올라와서 모의고사를 생각보다 못 봐서 정말 열심히 공부를 했었어요. 매일 새벽 2시까지 하고 한 4시간 정도 자고 다시 공부하고 그랬어요. 그때는 새벽 2시까지 내가 공부하니까 엄청 열심히 한다고 생각해서 뿌듯해 했었는데 오히려 4월 모의고사에서 성적이 더 떨어졌어요.

새벽 2시까지 공부하느라 수업 시간에 졸고, 야자 시간에 졸고 해서 정작 실제 공부했던 시간은 얼마 안 된 거예요. 그래서 충격이 컸었는데 다시 적성에 맞는 공부 방법을 찾게 되었어요. 그러니까 제 공부 방법도 참고만 하고 진짜 자기 자신에게 맞는 공부 방법이 무엇인지 먼저 찾는 것이 진짜 효율적인 공부예요.

먼저 언어 영역부터 말할게요.

저는 언어 공부를 정말로 거의 안했어요. 고1 때는 조금 했는데 당시에 신문 사설을 많이 읽으면 도움이 된다고 해서 매일 아침마다 사설을 몽땅 읽었는데 당시에는 도움이 되지 않는 것 같았어요. 그래도 한 6개월 정도는 꾸준히 했는데, 그게 아마 나중에 도움이 됐던 것 같아요.

그런데 또 어떤 유명한 강사는 사설이 절대로 도움이 안 된다고도 이야기하더라고요. 그래서 신문 사설 읽기는 모두에게 추천하고 싶은 방법은 아니에요.

언어 공부를 할 때는 문제집을 그냥 좀 많이 풀었어요. 그리고 채점을 할 때 틀린 문제들은 정말로 열심히 공부했죠. '아, 이렇구나' 하고 답지 보고 넘어가는 수준이 아니라 완전히 왜 틀렸고, 왜 맞았는지를 확실히 이해할 때까지 붙잡고 늘어졌어요. 그런데 이런 방식으로 문제집을 풀면 엄청 시간이 오래 걸려요. 그래서 평소에는 언어 공부를 거의 안하고 방학 때나 시간이 좀 여유로울 때 이런 식으로 문제집 분량을 정해놓고 집중적으로 했어요.

그리고 말이 나온 김에 하나 더 말씀드리면 방학 때 보통 학교에서 보충수업을 하잖아요. 근데 자기 절제력이 있는 학생이라면 이 보충을 듣지 말고 그냥 자기공부를 하라고 권하고 싶어요. 물론 통제가 되지 않으면 학교 가서 수업 듣고 자습하는 게 좋겠지만 자기 공부를 효율적으로 하면 자신이 약한 과목을 더 쉽게 극복할 수 있어요.

보충 같은 경우에는 제가 잘하는 과목이나 못하는 과목이나 다 똑같이 진도를 나가잖아요. 저 혼자 수업을 듣는 게 아니니까요. 단, 방금 말씀드렸듯이 자기 절제력이 충분히 있고 의지가 확실한 분에게만 자율공부를 추천 드리고요, 그렇지 않은 분들에게는 수동적으로라도 공부할 수 있게 학교나 학원 시스템에 따라가는 것이 맞을 것 같아요.

그리고 미리 책을 좀 읽어놓으세요. 책을 많이 읽어두면 정말 많은 도움이 되요. 저도 책을 많이 안 읽어서 조금 고생했는데, 책을 많이 읽는 친구들은 언어 영역 거의 고생 안 해요. 물론 수능을 코앞에 두고는 좀 그러니까, 이제 막 고등학교를 올라갔다거나 아니면 아직 중학생인 친구들은 고전 문학이나 최근에 인기 있는 좋은 책들을 미리 좀 읽어 두는 것이 나중에 도움이 많이 될 거예요.

그리고 **수학**은 제가 원래 중학교 때부터 잘했어요.

고등학교 와서도 수학만큼은 자신이 있었어요. 그래서 고등학교 와서도 쉬운 문제집은 안 풀고 가장 어려운 문제집, 정말로 경시대회 수준으로 문제가 나와 있는 것들만 사서 풀었어요. 선행학습도 잘 되어 있고 그래서 처음에는 점수가 엄청 잘 나왔거든요. 근데 기말고사 때 50점을 받은 거예요. 자만심에 너무 깊이 빠져서 자기 실력을 제대로 알지 못했던 거죠. 그때 기초가 중요하다는 것을 깨달았어요. 그래서 정석 책을 사서 기초부터 차근차근 살폈죠. 중간에 과외도 잠깐 받아 봤는데 그냥 혼자 하는 게 더 낫겠다는 생각이 들었어요.

공부 방법은 그냥 기본적인 것부터 짚어 나가면서 중요한 개념과 공식들은 따로 노트에 정리를 해나갔어요. 정석을 보면서 기본적인 것들을 적어놓고, 또 수업시간에 선생님들이 책에 나오지 않는 중요한 개념을 설명해 주실 때도 있거든요. 그런 것들도 다 거기다가 적었어요. 너무 세세한 것까지 적다보니까 나중에는 시간을 너무 잡아먹는 것 같아서 걱정이 되기도 했는데요. 고3 때 다른 사람들은 공부한 내용 까먹어서 다시 책 찾고 교과서 뒤지고 정석 뒤지고 하는데, 저는 그 공책 하나로 다 해결했어요. 그리고 제가 직접 써나가기 때문에 기억도 더 잘 되고 찾기도 쉽더라고요. 총 3권정도 분량이 나왔는데요. 특히 고3 때 정말로 유용하게 썼어요. 지금도 제가 과외나 다른 사람들 수학 가르쳐 줄 때 아주 요긴하게 쓰고 있어요.

과탐은 주로 인터넷 강의를 활용했어요.

그리고 뭐 유명하고 비싼 강의도 많지만, EBS강의가 굉장히 좋다고 생각해요. 그리고 인터넷 강의를 너무 많이 듣기보다는 적당히 듣고 기출문제를 많이 풀어보는 게 과탐에서는 중요한 것 같아요.

개념을 아무리 잘 잡아도 기출 문제로 감을 익히지 않으면 소용이 없는 것 같아요. 그래서 저는 개념 이해를 40%, 기출 문제 풀이를 60%의 비중으로 놓고 공부했어요.

고1 때는 제가 가장 좋아하는 물리 위주로 공부했고요. 고1 겨울 방학 때 물리 1이 다 끝나서, 2학년 때와 3학년 때 공부 시간표도 짜기 편하고 엄청 유용했어요. 아직 시간이 여유가 있는 분들은 1학년 때와 2학년 때 과탐 한 과목씩 끝내놓으면 고3 때 수능 때까지 강의나 공부 따로 안하고 기출 문제만 풀면 되니까 엄청 시간을 유용하게 쓰실 수 있어요. 이미 고3인 친구들은 어쩔 수 없고요.

외국어는 제가 정말로 자신이 없어요.

성적도 별로 안 나왔고요. 그래도 단어집 한 권은 달달 외웠어요. 고등학교 들어오면서부터 외웠는데, 여러 권의 단어집을 외우는 것보다는 단어집 한 권을 독파하는 것이 더 좋은 것 같아요.

보통 1장부터 7장까지 단어가 있으면 7장 볼 때쯤은 1장 단어를 다 까먹어요.

그래서 저는 이렇게 했어요.

먼저 1장을 보고 2장을 들어가면, 2장 들어가기 전에 1장에 나오는 단어들을 다시 한번 빠르게 훑어요. 그리고 3장 들어가면 1장과 2장 단어들을 같은 방식으로 훑은 다음에 3장을 외워요. 만약에 20장 까지 진도를 나갔다고 하면 1장은 벌써 20번을 봤기 때문에 상대적으로 전체 장의 단어를 고르게 외우게 되요.

근데 단어집을 너무 여러 개로 외우면 본 것은 많지만 머리 속에 남는 것은 별로 없는 것 같아요. 저는 이렇게 딱 한 권의 단어집을 외웠는데, 그 다음부터는 지문에서 모르는 단어가 거의 나오지 않았어요.

그냥 문제 풀면서 지문에서 모르는 단어들만 따로 빼서 외웠어요.

그리고 외국어 문제 푸는 스킬을 인강으로 공부하는 친구들이 많은데 그런 친구들은 보통 이 강의 좋다 그러면 이 강의 듣고, 저 강의 좋다 그러면 또 우루루 가서 저 강의 듣고 그래요. 그런데 그런다고 외국어 점수가 잘 나오는 게 아니에요. 강의 한 개를 들어도 정확히 자기 것으로 만드는 게 중요하다고 생각해요.

저는 제가 가장 약하다고 생각하는 분야인 문법 강의랑 독해 강의 딱 2개만 들었어요. 그래서 아무리 유명한 강사라고 하더라도 잠깐 시키는 대로 해보고 자신과 맞지 않으면 과감히 다른 강의를 들어보는 것이 좋아요. 어떤 강사든지 100% 신봉하지 말고, 자신한테 맞는 강의를 찾고, 또 100% 자신의 것으로 소화하려고 노력을 하세요. 좋다고 소문난 유명한 강의만 쫓아다니지 말고요.

그리고 제가 선행학습을 많이 해서 말씀드리는 건데요.

선행학습이 기본적으로 공부에 나쁜 영향을 미치지는 않아요. 그런데 선행학습을 하면 자만심이 생겨요. 제가 1학년 때 수학 기말고사를 망친 것처럼 나쁜 결과를 가져올 수도 있어요. 그래서 이왕이면 선행학습보다는 배운 뒤에 복습을 철저히 하는 것이 더 좋은 것 같아요.

그리고 많은 분들이 오답노트에 대해서 궁금해 하실 텐데요. 저는 오답노트는 따로 만들지 않고 대신에 모의고사 봤던 시험지들을 차곡차곡 다 모아뒀어요. 그 시험지를 가지고 시간 날 때 틀린 문제들만 한 번 더 풀어봤어요. 특히나 수능 기출 문제들은 아예 몰라서 못 풀었던 문제, 그리고 풀었지만 틀렸던 문제 등을 따로 나누어서 꼭 다시 한 번 풀면서 답이랑 비교해봤어요. 그리고 제 풀이랑 답안의 풀이랑 비교해서 어떤 점이 다른지, 혹은 어떤 과정이 더 나은지도 분석했어요.

보통 문제집은 이런 방식으로 한 번 정도 풀고 넘어갔고요. 대신에 기출문제집은 최소 2번 이상 완벽하게 풀고 넘어갔어요. 그리고 부족한 부분을 보충하기 위해서 학원이나 과외를 선택하는 학생들도 있을 텐데요. 그렇게 되면 딱 학원에서 제시한 가이드라인만 따라가게 되고, 학원에서 짚어준 것 이상은 할 수가 없게 되요. 그래서 보통은 그냥 혼자서 공부법을 찾아보는 것이 수학의 경우에는 훨씬 좋은 것 같아요.

5. 고3 때 하루일과는 어떻게 보냈나요?

기상은 아침 6시에 한 뒤 여러 가지 준비를 하고 7시까지 학교에 갔어요.

그리고 30분 정도는 영어듣기를 공부했어요. 그런데 몇 달 하다보니까 듣기평가는 이제 안 들어도 되겠다는 생각이 들어서 그때부터는 그냥 문제 안 풀고 수학을 공부했어요.

이제 0교시부터 수업인데, 고3이다보니까 자습시간이 점점 많아지거든요. 이과는 특히 수학이 공부할 분량이 가장 많아요. 그래서 저는 선생님들이 자습 시간을 주시면 무조건 수학만 공부했어요.

학교가 끝나면 이제 저녁 먹고 야자를 했고요.

야자를 시작하면 한 2시간은 아이들이 집중을 잘 못하고 조금 산만한 게 있어요. 저는 이때도 수학을 먼저 공부했어요. 일단 제가 좋아하는 과목이라 집중하기 힘든 상황에서도 집중을 할 수 있었거든요.

그리고 음악을 들으면서 공부하는 게 저의 습관이어서 주위 환경이 시끄러울 때는 그냥 이어폰 꼽고 음악 들으면서 했어요. 그리고 2시간이 지나면 이제 아이들도 슬슬 집중하고 공부하기 좋은 환경이 조성돼요. 그러면 이어폰을 빼고, 외국어를 풀고, 언어 30분 정도 하고 과탐 30분 정도 해요. 과탐 같은 경우는 시험 시간도 30분이니까 거기에 맞추려는 의도도 있었어요.

그리고 야자 끝나면 10시인데 이때 잠깐 기도를 하러 갔어요. 그리고 제가 고3 기간 중에는 항상 10시부터 12시를 어떤 일정을 세우지 않고 항상 비워놨어요. 그리고 그 시간에는 기도를 한 뒤에 부족한 공부를 채우거나 강의를 듣는 시간으로 활용했어요.

만약에 그날에 공부할 양을 완벽하게 채웠다면 좀 더 일찍 자기도 하고, 친구들과 이야기를 나누기도 하면서 자유 시간을 활용 했어요. 생각해보면 저는 오히려 1,2학년 때 자유 시간에 공부를 많이 했고, 고3 때는 그 시간을 진짜 자유 시간으로 활용을 했던 것 같아요. 1, 2학년 때는 심신이 아무래도 좀 더 편하니까 공부를 해서 기본을 튼튼하게 했고, 3학년 때는 공부 양도 중요하지만 심리적인 상태도 중요하잖아요. 그래서 다행히 이런 상황들이 잘 맞아 떨어진 것 같아요.

6. 이 책을 읽는 고3 들에게 해주고 싶은 말

일단 마음을 급하게 먹지 않았으면 좋겠어요.

당장 시험을 봐서 성적이 공부한 대로 오르면 좋겠지만 그런 경우는 거의 없어요. 그러니까 점수가 안 오른다고 괜한 불안감을 가지고 힘들어하지 마세요. 가끔씩 모의고사 망했다고 울면서 힘들어 하는 친구들도 많이 봤는데요. 그런다고 점수 오르는 거 아니니까 '다음 시험 더 잘 보면 되지, 뭐' 이렇게 긍정적으로 생각하고 이번 시험을 통해서 나의 약한 점이 무엇인지 파악하는 기회로 삼으셨으면 좋겠어요.

모의고사 점수 높다고 수능점수도 반드시 높지는 않아요. 점수 한 번 잘나왔다고 너무 자만하지 말고, 또 점수 너무 떨어졌다고 슬퍼하지 마세요. 정작 중요한 건 수능이에요.

특히나 내신을 아예 포기하고 수능에만 목숨 거는 친구들도 많이 있는데요. 내신도 포기해서는 안 돼요. 1, 2학년 때 성적이 별로라고 해도 끝까지 신경 쓰세요. 정말 저는 내신 포기하고 수능 잘 본 사람 아직 못 봤어요. 내신을 통해서 기본을 다진다고 생각하면 수능 공부에도 분명히 도움이 돼요. 두 가지를 별개로 생각하고 하나만 집중하고 하나는 포기하고 그러지 않았으면 좋겠어요.

그리고 신앙적인 부분으로 말씀드리면 교회가 공부하면서 지친 삶의 충분한 활력소가 될 수 있다는 사실을 알려드리고 싶어요. 또 그렇게 교회를 활용하면 좋겠어요. 교회를 억지로 간다고 생각하지 말고, 의무감보다는 진심으로 하나님을 예배하는, 아니 아직 그런 체험이 없다면 그런 체험을 바라는 마음으로 신앙생활을 한 번 해보시기를 바래요.

그렇다고 또 자기 공부도 안하면서 교회에만 있는 것은 조금 그런 것 같아요. 신앙을 소홀히 하지 않으면서도 공부에 최선을 다할 수 있도록 계획을 잘 세우세요. 저도 하루에 30분 씩 성경을 읽었는데 전체 일과 중에서 그렇게 시간을 많이 차지한다고 생각해본 적이 전혀 없어요. 주일날 예배도 그렇고요.

그리고 아침과 저녁에 큐티를 활용해 보세요. 아침에 일어나자마자 수업 들으면 머리도 복잡하고 집중이 안 되지만 조금 더 일찍 와서 10분 정도 말씀 보고 묵상하면 공부하기 전에 마음도 차분해지고 또 새로운 힘을 얻어요. 아침이 힘들면 밤에 큐티를 하면서 하루를 정리할 수 있고 또 편안한 마음으로 잠도 잘 수 있게 되고요.

7. 공부와 신앙생활을 놓고 갈등하는 부모님들을 위해서 드리고 싶은 말은요?

아마 저 말고도 다들 이렇게 말하겠지만, 그래도 말씀드려야겠어요.

교회는 오히려 공부에 도움을 주면 주었지 방해가 되지 않아요. 그리고 신앙인이라면 분명히 우리의 노력만으로 되지 않는 부분이 있다는 것을 인정해야 한다고 생각해요. 생각해보면 일주일에 신앙생활에 최소한으로 시간을 쓰면 딱 2시간 정도거든요. 그 시간을 썼다고 해서 전체 학습 성과에 큰 영향을 주기는 정말 힘들어요. 그리고 저도 그렇고 제 주변 친구들을 봐도 교회 활동 어느 정도 하는 아이들은 그 시간만큼 다른데서 메우기 위해 더 집중해서 열심히 공부하는 것 같아요.

그리고 아이들을 믿고 조금 기다려주셨으면 좋겠어요. 물론 걱정 되서 공부에 대해서 강조하는 거지만 그래도 고3 때는 정말 가는 곳 마다 공부소리밖에 안 들리거든요. 저는 기숙사 생활을 했는데도 부모님이 매일 공부는 잘하고 있는거냐고 연락을 하셨어요. 다행히 저는 교회에 가서 그런 스트레스들을 많이 풀었지만 그렇지 못한 아이들도 많이 있을 거예요.

그러니까 부모님들은 귀한 자녀들을 조금 믿어주시고, 성적 뿐 아니라 정신적인 상태와 마음의 상태까지도 함께 걱정해주시고 보듬어 주셨으면 좋겠어요. 성적은 나중에 오를 수도 있고, 대학을 못 가도 인생은 성공할 수 있지만, 힘들 때 받은 마음의 상처는 치유가 어렵다고 생각해요.

고려대학교 1학년

유정훈

자기자신을 잘 아는 것이 공부의 진정한 시작입니다

하루 중 가장 공부가 잘 되는 시간, 적정 수면 시간, 노력이 가장 필요한 과목과 같이 공부의 중요한 부분에 대해서 여러분은 지금 알고 계신가요? 정확히 대답할 수 없다면 먼저 스스로의 상태부터 점검을 해야 합니다. 몸과 정신의 상태뿐 아니라 한발 더 나아가서 믿음의 상태까지도 점검을 해야 효과적인 공부를 할 수 있습니다.

1. 대학과 과는 어떻게 정하게 됐나요?

저는 대학과 과를 정하기까지 아주 힘든 과정을 거쳤어요. 보통은 가고자 하는 대학과 과를 정해놓고 분명한 목표를 가지고 공부를 하는 경우가 대부분이잖아요? 또 어쩐지 그렇게 말해야 될 것 같기도 하고요.

그런데 저는 솔직히 말씀드리면 완전 처음부터 끝까지 제 생각이랑은 어긋났어요. 그런데 그 어긋난 것이 결국 저에게 더 큰 도움이 되었어요. 더 좋은 학교에 가게 되었고, 또 진짜 저의 비전을 찾게 되기도 했고요. 제 경우가 조금 특이할 수도 있지만 그래도 저처럼 독특한 경우도 어떤 분들에게는 도움이 될 수도 있을 것 같아서 저는 최대한 꾸밈없이 제가 대학과 과를 정한 과정을 말씀드릴게요.

저는 원래 고등학교 들어오면서부터 경제학과를 가야겠다고 생각했어요.

지금 생각해도 도대체 왜 경제학과를 가려고 했는지 모르겠어요. 그건 목표도 아니었고 비전도 아니었고 그냥 허황된 꿈이었던 것 같아요. 그런데 그 때는 너무 그 생각에 강하게 사로 잡혀 있었어요. 그래서 친구들이나 부모님한테도 학교는 상관없다 무조건 경제학과를 갈 거라고 입버릇처럼 말했어요.

그리고 공부도 너무 오래하기 싫어서 수시 2차에 붙어서 대학생활을 빨리 시작하려고 했죠. 무슨 생각으로 그렇게 태평하게 굴었는지는 모르겠어요. 그런데 성적이 생각만큼 안 나오더라고요.

그래도 서울의 명문대를 들어가고 싶었는데, 점수가 잘 안 나왔어요. 그리고 수시를 쓸 때도 전부 경제학과만 지원했는데, 죄다 떨어졌죠. 제가 생각한 대로 되는 일이 하나도 없었어요.

그때 주변에서 진짜 하고 싶은 공부에 대해서 진지하게 생각해보라고들 많이 말씀해주셨어요. 그런데 예전부터 경제학과를 고집해서 그런지 그러기가 매우 싫었어요. 그래서 수시 떨어진 다음에 거의 패닉 상태에 빠져서 1주일 정도 남은 시간을 멍하니 보냈어요.

그런 저를 보고 아버지가 지금의 학교와 과를 추천해주셨어요. 아버지가 보시기에는 저에게 딱 맞는 곳이라고 하셨는데, 마땅한 대안도 없이 저는 또 무조건 싫다고만 했어요. 저는 경제학과를 가서 재정경제부나 한국은행에 들어가고 싶었거든요. 경제학과를 들어가는 것과 마찬가지로 아무 이유 없이 그냥 들어가고 싶었어요.

그런 저에게 어머니가 큰 도움이 되어 주셨어요. 지금 당장 이렇게 있어봤자 되는 일이 없으니, 일단 아버지의 말씀을 따라 그곳에서 비전을 찾아보는 것이 어떠냐고 권유해 주셨어요. 정 안되면 복수전공을 신청하면 되니까 그때 가서 해도 늦지 않는다고요.

결국 고3 막바지에 들어서 모든 목표와 생각을 바꾸게 되었는데, 그때부터 제 생활과 신앙에 많은 변화가 일어났어요.

원래는 지금 학교에 가기에 조금 부족한 성적이었는데, 수능이 지금까지 봤던 점수 중에 최고점이 나와서 무난하게 학교에 붙을 수가 있었고, 아버지가 말씀하신 대로 지금의 과에서 제가 하고 싶은 일을 찾게 되었어요.

적성도 잘 맞아서 장학금까지 받게 되었죠. 그리고 이 모든 것보다 이런 일들을 통해서 하나님에 대한 관계가 다시 회복되었다는 것이 더 큰 수확인 것 같아요. 제가 생각하고 계획한 것 보다 훨씬 큰 하나님의 계획이 있다는 것을 깨닫게 되었거든요.

지금의 학교와 과는 제가 가장 잘할 수 있는 일이었어요. 그런데 아이러니하게도 부모님의 권유와 하나님의 예비하심으로 이 일을 찾게 된 거죠. 이 일을 통해서 제가 정말 겸손함에 대해서 크게 깨달았어요.

2. 하나님과의 관계가 좋지 않았다고 했는데, 신앙생활이 어땠었나요?

제가 어려서부터 교회는 다니고 있었지만 정말로 생각도 없고 철도 없었어요. 물론 그 나이때는 대부분 다 그렇지만 그렇다고 생각해도 전 좀 심했던 것 같아요.

단순히 믿음의 문제가 아니라 그냥 제 생각 자체가 문제였어요.

중학교 때는 엄청 빨리 죽고 싶었어요. 지금 생각해도 좀 유치한데, 죽어서 천국에 간다면 빨리 죽어서 천국 가는 게 좋지 왜 여기서 오래 살라고 하느냐고 막 이야기하면서 따졌어요. 실제로 자살을 계획하지는 않았지만 정말로 빨리 죽는 걸 소원으로 생각하고 있었어요.

제가 개념이 얼마나 없었냐면 이런 이야기를 부모님한테까지 스스럼없이 했으니까요. 그래도 이런 생각을 가지고 공부를 계속 했다는 게 정말 얼마나 다행인지 몰라요.

성격도 조금 이상해서 2주 동안 거의 방안에서 나오지 않고 말도 한 마디도 안 한 적이 있었어요. 중학교 생활이 어쩐지 그냥 불행하고 재미없게 느껴져서 그런 것들이 좋지 않은 방식으로 표출된 것 같아요. 그러니까 진지하게 신앙에 대해서는 생각할 여지조차 없었죠.

중3 때부터는 어머님이 신앙생활을 하도록 조금 신경을 많이 써주셨어요. 그때도 정말 교회 나가기 싫어서 예배 시간에도 그냥 모른 척하고 게임하고 늦잠자고 그랬거든요. 그런데 어머님이 저를 포기하지 않고 계속 교회에 나가도록 애써 주셨어요. 그런데 교회에 나가긴 나갔는데 또 제대로 듣지도 않았어요.

처음에 교회 갔을 때 제가 모자 쓰고 누워서 이어폰 낀 다음에 맨 뒤에 있는 좌석에서 누워 있었어요. 정말 지금 제가 생각해도 어떻게 그럴 수가 있었을까 생각이 들 정도였어요. 도저히 말이 안 되는 행동이었어요. 그러다가 슬슬 교회에 적응되어서 활동은 여러 가지로 하게 되었어요. 하지만 확실히 믿음에 중심이 서 있는 상태가 아니었죠. 처음에 비하면 지금은 완전히 좋아지긴 했지만요.

3. 그런 신앙에 변화가 찾아오게 된 계기는 무엇였나요?

성경 마태복음 21장에 나오는 비유 있잖아요?

포도원에 일을 하러 가라고 아버지가 명령을 했는데, 첫째 아들은 간다고 대답은 했지만 가지 않았고, 둘째 아들은 안 간다고 했지만 결국에는 갔고요.

어머님 말씀으로는 제가 둘째 아들같은 사람이었데요. 말로는 툴툴대고 어쩌니 해도 어머님이 말씀을 하면 결국에는 순종을 하는 타입이라고요. 사실 그 말씀이 조금 맞는 것 같아요. 제가 어머님한테는 마음 속 깊은 곳에 괜히 미안한 감정이 있어서 어머님 말씀을 어기는 것에는 조금 조심을 많이 했어요. 하지만 그냥 어머니 눈치보고 다니던 껍데기 신앙이었죠.

그런데 그렇게 교회생활을 하는 데도 변화가 조금씩 생겼어요. 성적은 중학교 때부터 계속 조금씩 올랐거든요. 고등학교 때는 반에서 일등도 한 적 있고 그래서 전혀 걱정없이 교회생활을 열심히 했어요.

그러다가 이제 맨 처음 말씀드린 이야기를 통해서 제 인생에 대한 주도권이 하나님께 있다는 사실을 깨달았고, 제 생각을 뛰어넘는 하나님의 역사를 경험한 뒤에 완전히 다시 태어나게 됐죠.

억지로 신앙생활을 시작했다가 그 속에서 어떤 즐거움을 찾고 열심히 헌신했다고 결국 진정한 체험으로 믿음의 신앙을 가지게 되었어요.

그런데 그런 믿음도 정성이나마 꾸준한 경건생활이 뒷받침 되어야 한다는 것을 최근에 느꼈어요.

제가 고3이 끝나고 조금 두서없이 시간을 보냈어요. 고등학교 때는 나름 체계적으로 시간을 짜고 큐티도 하고 말씀도 묵상하고 그래서 공부를 많이 하면서도 신앙생활을 잘 해왔었거든요. 그런데 아무런 계획없이 시간을 보내니까 시간이 넘쳐나도 경건생활을 거의 하지 못했어요. 그렇게 맹하게 사니까, 기껏 찾았던 저의 비전과 삶의 목표들도 뭔가 갑자기 백지가 되어버린 느낌이었어요. 어떤 열정도 없었고요.

그러다가 최근에 다시 정신을 차리고 아침 7시에 일어나서 꼭 큐티를 하고 기도와 묵상하는 시간을 가지고 있어요. 아침에 학교 가느라 바쁘지만 그래도 경건시간을 가지니까 확실히 삶이 다시 달라지더라고요.

이제 다시 생각해보면 비록 제가 깨닫지는 못했지만 중학교 때 막

살다가 고등학교 때 열심히 신앙생활을 한 것이 결국 저의 성적이 지속적으로 오르는 데에도 큰 도움을 준 것 같다는 확신이 들어요. 은연 중에 목표도 생기고 또 열심히 할 열정도 생기게 되었던 것 같아요.

4. 중학교 때부터 성적이 지속적으로 올랐다고 말했는데, 어떤 방식으로 공부했나요?

처음에 제가 고등학교 들어와서 배치고사 볼 때 300등을 했어요. 그런데 처음 시험 볼 때는 반에서 5등을 했고, 4월에는 1등을 했어요.

일학년 때 실력을 쌓아둬서 그런지 2, 3학년에 올라가도 공부하는 시간은 비슷하게 유지해도 조금 여유가 있었어요. 그래서 신앙생활도 열심히 할 수 있었고요.

그런데 뭐 제가 머리가 좋아서 이렇게 되었던 건 아니고요. 중학교 때 그렇게 개념이 없이 살았지만 수학은 정말 좋아했어요. 그래서 선행학습으로 고등학교 입학 했을 때 이미 2학년 과정까지 마친 상태였거든요. 이건 누가 시켜서 한 것이 아니라 정말로 제가 그냥 좋아서 했던 거예요. 가장 시간이 많이 투자되는 수학에 대한 어려움이 없었기 때문에 다른 과목을 공부하는 데에 시간을 운용하기가 다른 친구들보다 훨씬 수월했던 것 같아요.

언어 영역은 말씀드릴 부분이 별로 없을 것 같아요.

실제로 점수가 잘 나오진 않았거든요. 그런데 제가 점수가 안 나온 것은 제 생각대로만 문제를 풀었던 것 같아요. 언어는 사실 정답이 없는 영역이라고도 볼 수 있는데, 어쨌든 변별력을 위해서 답을 만들어야 되고, 그 답을 맞히기 위해서는 출제자의 생각과 의도를 결국 파악해야 되거든요.

그런데 저는 그 생각은 안하고 그냥 제 식대로만 문제를 풀었던 거죠. 저는 수학을 좋아해서 더 그랬던 것 같아요. 수학은 논리와 공식이 딱딱 정해져 있으니까, 자기 논리대로 생각하고 거기에 대입해서 문제를 푸는 방식이거든요. 그래서 언어가 잘 안 나오는 친구들은 출제자의 의도를 파악하는 훈련을 많이 하는 것이 좋은 도움이 될 것 같아요.

수학은 선행학습이 아주 많이 되어 있었어요.

중1 때부터 그룹 스터디를 짜서 학원을 6년 동안 계속 다녔거든요. 그리고 제가 좋아한 과목이기도 해서 진도도 엄청 빨리 나갔었어요. 그래서 만약 아직 시간적 여유가 있는 친구들이라면 수학을 어려워하지 말고 제발 미리 공부하라고 말씀드리고 싶어요. 될 수 있는대로 많은 시간을 수학에 미리 투자하세요. 수학같은 경우는 특히 벼락치기 한다고 되는 공부가 아니에요. 사실 다른 과목도 다 마찬가지인데, 수학은 특히 더 그래요. 그러니까 될 수 있는 한 진도를 앞서 나가면서까지 공부할 필요가 조금은 있다고 봐요.

제가 중학교 때 고등학교 과정을 공부하니까 엄청 피곤했거든요.

그래서 극복했던 방법이 있는데, 이 방법은 아마 수학을 늦게 시작해서 따라가기가 어려운 분들한테도 큰 도움이 될 거예요.

당시에 저도 중학생이니까 아무리 수학을 좋아해도 고등학교 수학이 어렵고 힘들었어요. 아무리 읽어도 무슨 뜻인지 모르겠고요. 그래서 한 번에 끝낼 생각을 안 하고 체계적으로 반복을 하는 계획을 세웠어요.

처음에는 쉬운 걸로 목표를 삼아서 한 번 보고, 그 다음에는 난이도를 하나 더 올려서 개념과 기본 문제를 목표로 한 번 더 보고, 이런 식으로 차근차근 전체를 반복해 나가니까 흥미도 잃지 않고, 자신감도 점점 생겼어요.

저는 수능 볼 때까지 이런 방식으로 5번 이상 반복을 했어요. 그러니까 이미 고3이나 고2인 친구들은 저같이 많이 보려고 하면 안 되고, 2단계나 3단계 정도로 자신의 학습상태에 맞춰서 반복을 하는 게 좋아요.

그리고 수학 문제는 사람마다 자주 틀리는 유형이 반드시 있어요. 그래서 총괄적으로 어렵고 쉬운 문제로 구분을 해서 공부를 하는 것이 아니라 자신이 자주 틀리는 유형이 어떤 것인지 알고 거기에 대비해서 철저하게 분석을 해야 되요.

기본 개념은 아무리 많이 봐도 2번이면 대충 이해가 되거든요. 머릿속에서 잘 안 없어져요. 수학은 또 다들 중요하게 생각해서 공부를 많이 하니까요. 그러니까 그 과정이 끝나면 약한 유형을 집중적으로 파고 드세요. 그 유형을 공략하는 자신만의 노하우가 생길 때까지 공격을 해야 돼요.

그렇게 약점에 대한 극복 노하우가 생기면 그 다음에는 비슷한 문제를 풀지 말고 4점짜리 같이 어려운 난이도의 서로 다른 유형들의 문제를 최대한 많이 풀어봐야 돼요. 기본이 확실히 잡혀 있다고 확신이 든 친구들은 가장 어려운 수준의 문제집을 풀어보는 것이 도움이 돼요. 그런 문제집은 한권만 풀어도 다양한 유형을 미리 접해볼 수가 있거든요.

제가 문제를 풀었던 방식을 알려드리면 저는 30문제 중에 2점짜리 문제를 먼저 풀었어요. 그리고 3점짜리 문제 풀고 3점짜리 주관식을 풀었어요. 그리고 가장 어려운 난이도인 4점짜리들을 푼 다음에 검산을 시작했어요. 2,3점짜리들은 문제가 쉽잖아요. 그래서 검산할 때 제가 풀었던 방식 말고 다른 방식으로 풀려고 시도해봤어요.

객관식은 제가 구한 답을 문제의 식에 넣어서 맞는지 확인을 해봤어요. 4점은 검산을 할 때 시간이 오래 걸려요. 문제 자체가 워낙 어려워서… 그래서 보통 시험 시간에 맞춰서 3점 문제까지 검산을 다 완료

할 수 있게 연습을 많이 했어요. 그리고 시간이 끝난 뒤에 4점짜리는 따로 보면서 검산을 했죠.

그 다음으로 외국어영역은 수학과 반대로 잘 못했었어요.

싫어하진 않았는데 기초 문법도 잘 모르고 그래서 자신감이 많이 없었어요. 그런데 중3 겨울 방학 때 관련된 기초 문법과 단어를 조금 알고 나서는 자신감이 생겨서 성적이 많이 올랐어요. 그래서 제가 생각하는 모든 공부에 도움이 되는 방법은 1차적으로 기본을 확실히 다지는 것과 그 기본을 통해 다진 실력을 자신감으로 연결시키는 것이에요.

자신감이 있으면 자신이 뭔가를 더 잘하고 있다는 느낌이 들어서 재미도 있고 열정도 생겨요. 그래서 모든 시험을 풀 때는 강한 자신감을 갖고 푸세요. 초반부터 모르는 문제 나와도 절대 당황하지 말고 계속해서 마인드 컨트롤을 하세요.

그리고 영어는 단어 외우는 게 정말 중요해요. 아마 이거는 진짜 어디를 가도 듣는 소리일 거예요. 그래서 저는 시간이 날 때 단어를 많이 외웠어요. 단어는 많이 외워둘 수록 좋아요. 시간이 허락하는 한은 최대한 단어를 많이 외우세요.

그런데 이제 시간이 없는 경우에는 무작정 단어를 외우는 것은 좋지 않아요. 그럴 때는 차라리 문제 푸는 방법을 연습하는 것이 더 좋아요. 문맥을 이해할 줄 알면 단어 몇 개 모른다고 해서 문제를 못 푸는 건 아니거든요. 시간이 없을 때는 너무 단어에 집중하지 말고 꼭 필요한 중요 단어를 외우거나 혹은 풀었던 문제에서 몰랐던 단어를 정리하는 수준에서 그쳐야 되요.

특히 고3 때 공부하는 분들은 이런 식으로 하는 게 더 도움이 될 거예요. 그래서 저는 고등학교 1,2학년 때에는 단어를 시간 내서 외우는 걸 추천하지만 고3의 경우에는 그렇게까지 권장하지는 않아요. 그리고 문법은 조금 잘 정리한 다음에 문제를 풀 필요가 있어요. 그래서 저는 문법은 인강을 들어서 정리를 한 뒤에 문제를 풀었어요. 그리고 문제를 풀 때마다 지문의 길이에 따라서 시간을 1분 20초에서 30초로 정해놓고 푸는 연습을 했어요. 저는 문제를 푸는 스킬이 없어서 단어를 많이 아는 것을 바탕으로 전체 지문을 해석하면서 문제를 풀었기 때문에 정해진 시간 안에 푸는 것이 중요했어요.

그런데 저와 반대로 문맥을 이해하고 요점을 잘 정리하는 친구들은 어떤 문제는 정말 보자마자 푸는 경우도 있고 그랬어요. 외국어에 대한 감각이 있기 때문인데, 외국어를 늦게 공부하는 분들은 저같이 단어 외우면서 정석으로 문제를 푸는 것보다는 차라리 감각을 키우는 것이 실질적인 성적에 더 도움이 될 거예요.

그리고 사탐은 윤리, 정치, 경제를 했어요.

경제는 당연히 제가 경제학과 가려고 노래를 불렀으니까 선택을 할 수밖에 없었죠. 그런데 2년을 열심히 공부했는데도 성적이 안 좋았어요. 막판에도 모의고사 때 계속 2개씩 틀렸어요. 저는 스스로 경제를 매우 좋아한다고 생각했는데, 그때 성적이나 공부했던 걸 보면 사실 경제에 대해서 잘 이해하지 못하고 또 적성에도 안 맞았던 것 같아요.

그래서 일단은 어떤 과목이든 간에 1학년 때 정한 과목을 그대로 밀고 나가세요. 저는 경제학과 때문에 2학년 때 추가로 공부를 시작했는데, 괜히 시간만 버리고 공부도 제대로 못했어요.

특히 3학년 때는 절대로 무슨 일이 있어도 바꾸지 마세요. 1,2학년 때 공부했던 게 다 날아가고 또 그만큼 공부를 더 해야 되니까 이중으로 손해를 보는 시스템이 되요.

그리고 윤리같은 경우에는 학교 수업이 많이 있어서 그것만 들었는데도 큰 도움이 됐어요.

그리고 사탐과 과탐은 학교마다 지정해서 가르치는 게 틀리잖아요. 물론 가끔씩 모든 과목을 가르치고 지원하는 학교도 있는데, 그렇지 않은 학교도 있거든요. 그런 경우에는 되도록 학교에서 지원하는 과목 중에 선택하는 것이 좋아요. 수업시간에 공부만으로 개념도 익힐 수 있고, 또 내신 준비하면서 수능과 관련지어서 생각할 수도 있거든요. 물론 적성에 전혀 맞지 않는 과목만 지원할 수도 있는데 그런 경우에는 미리 따로 공부를 해야겠지요.

정치는 3학년 때 선택했어요. 제가 방금 하지 말라고 했던 선택을 저는 모두 고스란히 한 거죠. 2학년 때 과목 추가하고, 3학년 때 또 추가하고…

그러니까 이 부분에 대해서는 저의 말을 좀 귀담아 들으셨으면 좋겠어요. 제가 분명한 피해자거든요. 그래도 정치는 다행히 점수가 잘 나왔어요. EBS인강을 활용하면서 공부를 했는데 문제를 푸는데 너무 어렵더라고요. 그래도 포기하지 않고 특히 2학년 겨울 방학과 3학년 1학기를 이용해서 조금 집중적으로 사탐의 과목들을 끝내려고 노력했는데, 그런 노력이 결실을 맺을 수 있었던 것 같아요.

3학년 올라와서 모든 사탐을 끝내려고 하는 건 정말로 힘든 일이예요. 그러니까 최대한 사탐과 과탐 같은 과목은 수업 시간에 많이 해결하고 또 1,2학년 때 최대한 많이 공부가 된 과목으로 선택하는 게 현명한 방법이에요.

5. 공부 계획이나 컨디션 조절은 어떤 식으로 했나요?

고3 들에 도움이 될만한 이야기는 위에서 거의 한 것 같고요. 이번에는 고등학교 막 입학한 친구들이나 아직 시간적 여유가 있는 친구들을 위해서 제가 생각하는 학년 별 공부 방법에 대해서 조언해 드릴게요.

1학년 때는 수학과 영어 위주로 공부를 하세요.

저는 평균적으로 수학을 4시간, 외국어를 2시간 정도 공부했어요. 매일 두 과목을 모두 하지는 않았고, 1주일에 3일은 수학을, 2일은 외국어를 공부했어요.

토요일 날 언어를 공부했어요.

이렇게 공부하는 게 하루의 양으로는 결코 많지 않지만 시간이 흐를수록 기본기를 탄탄하게 쌓는 데에 도움이 많이 되요. 그리고 고3 때도 시간이 많이 필요한 과목에 대한 기본이 쌓여 있기 때문에 다른 과목이랑 같이 균형있게 공부할 수도 있고요.

그렇게 언어, 수학, 외국어가 어느 정도 안정적으로 좋은 점수가 나온다면, 사탐을 3개를 공부해도 좋아요. 현재 입시 기준으로는 명문대에 가려면 3개를 보는 것이 훨씬 유리하거든요. 만약 그렇지 않다면 과감히 2과목만 선택을 하세요. 그리고 성적 불문하고 고2때까지는 언어, 수학, 외국어 위주로 공부를 해야 돼요.

그리고 컨디션 조절을 잘 하면서 공부를 꾸준히 하기 위해서는 먼저 자기 자신이 어떤 사람인지 생각해보고 그에 맞는 환경을 조성해야 돼요.

저는 자취를 했는데 일부러 컴퓨터나 티브이를 가져다 놓지 않았어요. 노트북도 없었어요. 핸드폰도 일반 폰 사용했어요. 제가 게임을 정말 좋아했는데, 스마트폰이나 다른 전자기기가 있으면 게임 하다가 시간을 많이 낭비하게 될 것 같아서 아예 그런 사태를 미연에 방지했어요. 정말 필요할 때만 친구 노트북 빌려 썼어요.

이렇게 생활을 하니까 규칙적으로 공부를 할 수 있었고, 미디어와 멀리 떨어져 지내니까 쓸데없는 데에 신경을 쓰지 않을 수가 있었어요.

그리고 저는 체력이 좋지 않은 편이라서 공부를 늦게까지 몰아서 하진 않았고, 그냥 10시 정도까지만 하고 집에 와서 12시 넘기 전에 잤어요. 공부를 늦게 까지 하면 체력이 달려서 다음 날 컨디션도 좋지 않고, 또 집중도 안 되더라고요.

그리고 저와는 또 반대로 체력이 좋아서 수면 시간이 적어도 공부에 집중을 할 수 있는 친구도 있었어요. 자기가 밤에 공부가 잘 되는지, 아침에 잘 되는지, 집중은 어떤 환경에서 얼마나 할 수 있는지 객관적으로 알고 있다면 고3 때에 공부하는 환경에 정말 도움이 돼요. 욕심을 앞세우기 보다는 가장 자신에게 잘 맞는 방법을 찾아야 돼요.

6. 신앙이 공부에 어떤 역할을 한다고 생각하나요?

비록 제 의지에 따라서 시작된 신앙생활은 아니었지만 신앙생활은 제 학습생활에도 큰 도움을 주었던 활력소였어요.

신앙이 제 삶에 그렇게 녹아 있지 않았다면 공부도 대학도 이렇게 잘 해낼 수는 없었을 거예요. 사람들이 보통 고3 때가 정말 힘들다고 이야기하지만 저는 사실 그렇게까지 힘든 줄은 몰랐어요.

제가 믿음이 확실히 없었을 때에도 교회 생활이나 어머님이 해주시는 좋은 말씀과 성경 이야기들을 통해서 하나님이 저를 지켜주시고 또 함께 하신다는 사실에 대해서는 항상 기억하고 있었거든요. 그런 사실에 대해서 알고 있다는 것만으로도 많은 의지가 되었던 것 같아요. 그리고 오히려 공부가 힘들어질수록 하나님과의 교제가 필요했어요.

가끔 공부에 시간이 더 필요한 것 같아서 경건생활과 신앙에 신경을 접으면 오히려 더 힘들어졌어요. 몸만 힘들지 거기에 따른 보상도 없고 어떤 행복이나 재미가 완전히 사라지는 인생이 되어 버린 느낌이었어요. 그래서 저는 신앙이 저의 모든 것의 의미와 이유가 된다고 생각해요.

신앙이 있는 다음에 좋은 성적과 화려한 성공이 의미가 있는 것이지 그렇지 않으면 세상의 어떤 것도 무의미해 지는 것 같다는 느낌을 많이 받았어요. 그러니까 '신앙생활이 공부에 도움이 되냐, 안 되냐?'와 같이 너무 단순하고 이차원적인 질문보다는 조금 더 깊은 질문을 던져 봤으면 좋겠어요. 신앙생활이 나에게 갖는 의미에 대해서요. 그럼 분명히 하나님이 우리들을 위한 계획과 비전을 보여주시고 또 이미 예비하신 곳으로 우리를 인도해주세요.

7. 이 책을 보는 부모님들에게 드리고 싶은 말씀이 있다면?

하나님과의 관계가 무너지면 모든 것이 무너진다는 것을 알아 주셨으면 좋겠어요.

학생들이 공부를 하면서도 하나님과의 관계를 바르게 이어갈 수 있도록 부모님들이 특히나 도움을 주셨으면 좋겠어요. 제가 이렇게 부탁드리는 것은 저한테 그런 부모님이 계시지 않았다면 지금의 제가 없었을 것이라고 분명하게 말씀드릴 수 있기 때문이에요.

제가 몇 년간 공부한 노력을 소중한 비전으로 인도해주시는 하나님을 체험하고, 또한 저의 모든 삶에 진정한 의미를 찾을 수 있었던 것은 어떤 상황에서도 저를 하나님께로 인도하려는 부모님의 노력이 있었기에 가능한 일이었다고 저는 생각해요.

부모님들의 자녀를 위한 기도와 격려와 조언의 말씀만이 하나님의 가치관으로 자녀들을 바르게 인도할 수 있다고 생각해요. 자녀들에게 부모님만큼 큰 역할을 하는 존재가 어디 있겠어요?

저는 아이들이 공부를 하기 싫어하는 것보다 교회에 가기 싫어하는 것이 더 큰 위기의 순간이라고 봐요. 신앙이 공부에 앞서 있다는 것, 그리고 바른 신앙이 정립되면 학생의 본분을 결코 소홀히 할 수 없다는 이런 원리를 부모님들이 잊지 말고 바른 방법으로 아이들을 인도해주세요. 제가 부모님 덕분에 지금의 행복을 누리고 살 수 있었던 것처럼요.

고려대학교 1학년

전 형 배

지금 시작한다면
늦지 않습니다

여러분이 마음먹는 지금이 바로 가장 좋은 때라는 걸 잊지 마세요. 수험생활 중간마다 정말로 포기하고 싶다는 생각이 많이 들겠지만 그때마다 다시 시작한다는 마음으로 이겨내세요. 수능이 끝나고 후회하고 싶지 않으시다면 걱정을 하지 말고 행동을 실천하세요. 반드시 노력만큼의 성과가 찾아올 거라고 확신합니다.

1. 학교와 과를 선택하게 된 계기가 있나요?

저 같은 경우에는 확실히 기계공학과를 들어가야 겠다는 마음이 있었어요.

과를 먼저 정한 뒤에 그 과가 있는 학교 중에서 상위권 학교를 들어가려고 공부를 했죠. 기계공학과를 선택한 이유는 제가 공대 쪽에 자질이 있는 것 같아서예요. 아직 이 일을 통해서 어떤 큰일을 해야겠다는 비전은 구체적으로 없지만 그래도 제가 가지고 있는 소질은 계발하는 것이 우선인 것 같아요.

특히나 저는 아버지한테 좋은 영향을 많이 받았어요. 제가 아직 갈피를 못 잡고 있을 때 아버지가 저한테 공대 쪽에 소질이 있는 것 같다고 말씀해주셨는데, 그 말씀을 따라서 성찰해보니까 저 역시 그런 것 같다는 생각이 들었거든요.

그리고 부모님께서도 워낙 기도를 많이 해주셨어요. 솔직히 고려대 붙을 줄은 생각도 못했거든요. 한양대나 성균관대 정도를 예상하고 있었는데 논술 시험이 끝나고 나서 고려대에 붙었어요. 저도 놀랐고, 부모님도 놀라셨는데, 그래도 수시에 붙고 남은 시간을 알차게 사용해야겠다는 생각이 들어서 무조건 놀지 않고 좋은 방향으로 시간을 사용했어요. 기타도 배우고, 영어 공부도 열심히 하고 운동도 많이 하고, 좋은 장소에도 많이 가봤어요. 좋은 학교를 들어가면서 고3 생활을 여유 있게 보냈다는 것이 저한텐 정말로 축복이었어요.

2. 고등학교 때 신앙생활은 어땠나요? 확실한 믿음이 있었나요?

저희 가정은 부모님이 모두 크리스천이시고 저도 모태신앙이었어요. 그런데 어려서부터 교회를 다니다보니까 그냥 습관처럼 다녔어요. 고등학교 1학년 때만 해도 다른 친구들 앞에선 교회 간다는 거 말하는 것도 부끄러워하고 막 숨기고 그랬어요. 그래도 교회를 꾸준히 다녔으니까 주일 예배 말고도 기도회라든가 이런 것들은 자연스럽게 참석하고 그랬어요.

그런데 하루는 제가 친구들과 기도회에 참석해서 기도를 하는데 저도 모르게 막 눈물이 나는 거예요. 당시 기도회 시간이 20분에서 30분 정도였는데, 저 혼자 남아서 한 시간 정도를 더 했어요. 그리고 그날 집에 돌아오면서 제가 그동안 신앙생활을 너무 소홀히 했다는 것을 느꼈어요. 그리고 제가 그렇게 방황할 때에도 하나님은 언제나 저를 기다리고 계셨다는 확신이 생겼어요. 그 다음부터는 진짜 신앙생활을 하기 시작했죠.

고3 때는 아무래도 공부하는 시간 때문에 신앙과 문제가 좀 생기긴 했죠.

저의 의지라기보다는 주변 분들이 걱정을 많이 하셨어요. 여름 방학 수련회도 그렇고 주일 예배도 걱정하는 분들이 많았어요. 저도 수련회 가기 전에는 제가 갔다 오는 사이에 열심히 공부한 친구들한테 뒤쳐지는 것은 아닌지 엄청 고민했어요.

그런데 가기 전에는 그렇게 별의 별 생각을 다해도 막상 갔다 오면 너무 좋고 행복했어요. 가기 전에는 고민을 했어도 다녀와서 후회를 해본 적은 한번도 없었어요. 일단 가면 공부에 대한 스트레스 같은 것들 다 내려놓고 올 수 있었고요. 3일 정도 쉬면서 다시 몇 달을 열심히 할 수 있는 에너지를 재충전하는 기회가 되었던 것 같아요.

고3 때 교회에서 임원같은 것은 하지 않았지만 그래도 일을 좀 도왔거든요. 공부를 하다 보면 머리도 몸도 지칠 때가 아주 많았지만 그래도 제가 돕기로 한 일은 끝까지 하려고 노력했어요.

제가 매일 밤 기도를 하고 잠을 잤는데, 가끔 성적 안 나오고 모의고사 망치면 그날은 기도고 뭐고 그냥 누워서 자고 싶어요. 근데 그럴 때도 꼭 참고 다시 기도 하고 그랬어요. 그리고 그렇게 기도를 하면 또 힘든 마음이 사라지고 다시 열심히 해야겠다고 생각하는 마인드컨트롤이 되더라고요.

저는 달란트의 비유를 생각하면서 기도했어요.

달란트의 비유를 보면 조금 받은 사람도 많이 받은 사람도 최선을 다하니까 주님이 그만큼 채워주시잖아요. 그래서 제가 가진 만큼은 최선을 다할 수 있게 해달라고, 또 그만큼 주님이 채워달라고 매일 기도했어요. 고3 때는 보통 예배만 드리고 다시 공부하러 가곤 했지만, 그래도 아까 말씀 드렸듯이 가끔 교회에 늦게까지 남아서 일을 할 때도 있었어요.

부모님도 한 번은 이런 저의 모습을 조금 걱정을 하시더라고요. 그래도 제가 솔직하게 신앙생활에 대한 저의 생각을 말씀 드리니까 제 생각을 인정해주시고 그냥 그렇게 하라고 말씀해주셨어요. 아무리 크리스천이어도 고3 자녀를 둔 부모님의 마음이 편하지는 않았을 텐데 그렇게 말씀해주셔서 정말로 너무 감사했어요.

그리고 저녁에 제가 기도를 할 때는 친구들이랑 같이 모여서 할 때도 있었는데요. 주로 자신을 위해서가 아니라 다른 친구들을 위해서 기도했어요. 주제도 너무 성적 가지고만 이야기하지 않고 신앙이 약해진 친구들이 다시 돌아오게 해달라고 기도 했던 것 같아요.

고3 중반쯤 되니까 열심히 기도회 참석하던 아이들도 하나 둘 씩 빠지기 시작하는 거예요. 고3이 중요하긴 하지만 그래도 인생의 전체적인 틀을 놓고 보면 그렇게 신앙을 소홀히 하면서까지 공부가 중요하진 않은 것 같아요. 물론 여러분들이 저처럼 저녁마다 기도하는 것도 좋겠지만. 상황에 따른 믿음은 달란트의 비유처럼 분량이 있다고 생각해요. 신앙은 남이 강요할 수 있는 문제가 아니에요.

그래도 큐티라든가, 말씀 묵상이라든가 짧은 기도라든가, 고3 생활에도 처음에 하기로 결심한 경건 생활이 있다면 중간에 성적이 안 나오고 뭔가 힘든 일이 있다고 하더라도 포기하지 말고 끝까지 실천했으면 좋겠어요.

그리고 제가 신앙생활을 하는 것을 보고 불안해하던 친구들과 많은 어른들이 계셨는데요. 저는 오히려 공부 때문에 신앙을 소홀히 하는 친구들이 더욱 걱정됐어요. 왜냐하면 저는 신앙으로 인해서 손해 봤다고 사람들이 생각하는 것보다 더 큰 이익을 주님께서 채워주셨거든요. 사람들은 제가 손해를 봤다고 생각을 했지만 결과적으로는 엄청난 이득을 계속해서 봤던 거예요. 그리고 제가 공부를 계속 하는 데에 신앙생활이 정말로 큰 도움이 되었기 때문에 만약에 제가 교회와 기도회를 그렇게 가지 않고 혼자서 공부에만 목을 맸다면 수능 때까지 일관되게 공부를 열심히 하거나 고려대에 갈 수 있게 되지는 않았을 것 같아요.

3. 공부할 때 어떤 점이 힘들었나요? 힘이 되었던 성경말씀이나 찬양이 있나요?

고3 때 정말 중요한 모의고사가 2번이 있어요.

6월, 9월 모의고사인데요. 대부분 그 점수가 실제 수능 점수와 굉장히 크게 연관되어 있어요. 그래서 다른 모의고사보다 이 때 모의고사를 더 잘 보려고 학생들이 정말 열심히 준비하거든요. 그런데 6월 모의고사에서 정말 말도 안 되는 성적이 나왔어요. 점수가 떨어진 수준이 아니라 거의 망한 수준이었죠. 제가 어느 정도까지 충격을 받았냐면 지금까지 제가 한 모든 노력에 대한 회의감이 들었어요. 어차피 이럴 꺼 지금까지 공부는 왜 했나, 교회는 또 왜 나갔나, 밤마다 기도했던 것은 또 뭐냐, 그렇게 모든 의욕이 사라져서 공부도 하는 둥 마는 둥 하고, 그냥 끄적끄적 거렸어요. 교회도 딱 시작할 때 가서 딱 끝나자마자 나왔어요.

근데 당시 저의 형이 대학생이었는데 형도 이미 저랑 비슷한 경험을 해본 뒤여서 좋은 조언을 많이 해줬어요. 그리고 정말 힘이 되었던 말은 "여기서 포기하면 그냥 여기서 끝나지만 지금 다시 노력하면 잘 볼 가능성이 있다"는 말이었어요. 혼자서 곰곰이 생각해보니까, 정말 형 말대로 제가 여기서 포기하면 그냥 끝나는 거고, 어쨌든 최선을 다해서 끝까지 공부하면 그걸로 좋은 거잖아요. 설령 점수가 그때도 안 나오다 해도 그게 제 그릇이니까 그냥 거기에 맞춰서 대학을 가면 되는 거고요. 전혀 스트레스 받을 필요가 없던 일이었어요. 정말로 넓게 보면 수능이 인생의 전부는 아니니까요.

그리고 '아, 내가 이런 일들에 나의 신앙과 신념이 흔들려서는 안 되겠구나' 라는 생각을 하게 됐어요. 제가 성적이 잘 나온다고 하나님이 살아 계시고 못 나온다고 하나님이 안 계시는 것은 아니잖아요. 그래서 기도회 때 하나님을 인격적으로 체험한 뒤에도 몇 번의 위기가 있었지만 그때마다 다행히 잘 극복할 수 있었던 길이 열렸던 것 같아요.

그리고 수능 때까지 제가 매일 보던 성경 구절이 있었어요.

보통 수험생들은 축복이나 위로의 말씀을 많이 외우고 그러는데 저는 조금 달랐어요.

마태복음 6장 34절 말씀인데요.

'그러므로 내일 일을 위하여 염려하지 말라 내일 일은 내일 염려할 것이요 한 날의 괴로움은 그 날로 족하니라.'

이 말씀은 정말로 저한테 반드시 필요한 말씀이어서 매일 같이 봤어요.

제가 걱정이나 고민이 있으면 거기에 신경을 쓰느라 아무것도 못하는 스타일이거든요. 3일 뒤에 시험이 있다면 그 시험 걱정하느라 아무것도 못하고 발만 동동 구르고 그랬어요. 시험 못 보면 어떡하나 그러고 걱정하다 보면 어느새 시험 당일이 찾아오고, 그 사이 공부나 준비는 제대로 한 것도 없고 그런 적이 너무 많았어요. 그럴 때마다 이 말씀을 계속 보고 또 외워서 되새기고 그랬어요. 짧은 말씀 한 구절이었지만 우유부단한 저의 마음과 생각을 다잡는 데 정말 큰 도움이 되었어요.

저 말씀이 제 마음에 들어온 다음부터는 제가 소소한 것들에 흔들리지 않게 되었어요. 점수가 낮아도 하나님의 뜻이 있을 거라고 생각하고, 감정 상태에 따라서 신앙생활이 흔들리지 않았어요. 저는 그냥 어떤 상황에서든 제가 할 수 있는 최선을 다하면 된다라는 생각이었거든요. 심지어 고3 때는 어떤 친구가 저한테 해탈한 것 같다고까지 이야기했어요. 다들 고민이 많은 고3인데 저는 고민이 하나도 없어보인다고요. 그때 친구 이야기를 듣고 생각해보니까 정말 신기하더라고요. 세상에서 고민이 가장 많은 사람이 나였는데, 이렇게 변화되었다고 생각하니까 정말 신기했어요.

저는 제가 우유부단하니까 마음을 다 잡는 사람으로 변화되어야겠다고 한 번도 생각한 적 없어요. 그냥 신앙생활 열심히 하다보니까 마태복음 말씀이 마음에 들어왔고, 또 그 말씀 붙잡으면서 의지하니까 저절로 편안한 마음을 가질 수 있는 상태로 변화된 거였거든요.

말씀과는 달리 찬양은 특별한 곡은 없었는데요. 찬양같은 경우는 가리지 않고 전체적으로 들으면서 마음을 안정시키고 그랬어요.

4. 공부는 구체적으로 어떻게 했나요?

전체적인 부분보다는 바로 한 과목씩 제가 실제로 공부한 내용을 바탕으로 말씀드릴게요.

언어는요. 저는 언어를 가장 못했어요.

제가 책 읽는 걸 엄청 싫어했는데 그래서인지 언어가 엄청 안 풀리더라고요. 그래서 언어에 대한 부분은 자신이 별로 없긴 한데요. 그래도 제가 정말 확실히 효과를 본 부분에 대해서만 말씀드릴게요. 언어에 자신이 없었던 제가 효과를 본 부분이기 때문에 아마 이것만큼은 확실한 효과가 있을 거예요.

처음에 제가 언어를 잘 하는 아이들을 유심히 관찰했어요. 특히 제가 틀린 문제를 들고 가서 물어봤어요.

'나는 이렇게 생각해서 이 답을 골랐는데, 너는 어떻게 정답을 골랐냐?'

그럼 친구들이 왜 그렇게 생각했는지에 대해서 상세하게 말해줘요. 그렇게 몇 번 해보니까, 언어를 잘하는 친구들은 출제자의 의도를 파악하고 있다는 사실을 알게 되었어요. 그에 비해 저는 문제가 유도하는 대로 따라가질 못했던 거예요. 그래서 만약에 정말로 자신이 없으면요,

선생님들이 문제풀이를 해주실 때, 어떤 식으로 설명하는지 그 내용을 잘 기억해두었다가 문제를 풀 때 적용하면 분명 효과를 볼 거예요.

저도 처음에는 아무리 공부해도 점수가 안 올랐어요. 제 사고방식이 좀 독특한지는 몰라도, 문제가 요구하는 정답과는 너무 동떨어져 있었기 때문이에요. 언어는 수학과는 다르게 생각에 따라 답이 한도 끝도 없이 달라져요. 그래서 일단 틀린 문제에 대해서는 확실히 인정을 하고 그 문제의 정답이 추론될 수 있는 사고방식을 따라가는 것이 가장 급선무라고 봐요.

그리고 책을 제가 많이 안 읽어서 그런지 문장이나 시를 봐도 화자가 누구인지 말을 하고 있는 사람이 누구인지 찾기가 너무 힘들었어요. 그럴 때는 주로 주어와 서술어를 따로 동그라미 치면서 글을 읽었는데 그러니까 문맥을 한눈에 파악하기는 더 좋았던 것 같아요.

그리고 하루에 10문제라도 반드시 푸는 것이 좋아요. 언어뿐 아니라 모든 과목은 공부한 양이 축적이 돼야 점수가 올라가요. 실력을 적립한다고 생각하고 아주 조금이라도 매일 문제를 푸세요. 소위 공부 잘하는 친구들이 말하는 언어의 감을 살리기 위해서는 매일 조금씩 풀면서 그 감을 유지시키세요.

그리고 수리는요. 제가 언어도 그렇고 외국어도 잘 못했지만 수리와 과학은 좋아했고 또 성적도 괜찮은 편이었어요.

저는 아무래도 이과 쪽 머리가 더 발달했나 봐요. 그리고 공부 방법에 앞서서 미리 말씀드리는 건데요. 보통 공부 진짜 잘하는 아이들은 고1 입학하면서부터 학원 같은데서 미리 미분, 적분 이런 거 다 배워서 올라온 아이들이 있어요. 그런 아이들을 보면 내가 너무 초라해 보이고 또 빨리 따라잡아야 할 것 같은 압박이 분명히 생기거든요.

근데 절대로 그러면 안 돼요. 공부는 자기 수준에 맞춰서 정확하게 짚어가면서 해나가야 되요. 다른 사람들 다 미적분 공부해도 아직 내가 집합을 모른다면 집합부터 풀어야 되요. 그래야 수리가 늘어요. 그래서 일단 그런 특성을 염두에 두고 만약에 이과에 있다면 수리에 더욱 시간을 많이 써야 되요.

저는 하루에 언어 10문제, 외국어 10문제만 풀고 나머지는 거의 다 수학을 공부했어요. 어떤 부분이 하나 걸리면, 시간이 오래 걸린다고 그 부분을 넘어가지 말고 한 주, 한 달이라도 이해될 때까지 붙잡으세요. 그 단원 패스하고 다음 단원 넘어가도 결국 앞서 이해되지 않은 부분 때문에 다시 막히게 되어 있어요.

제가 추천하고 싶은 방법은 개념서와 문제집을 따로 공부를 하는데 하나씩 엇박자로 공부를 하는 거예요. 예를 들어서 개념서에도 기본 문제가 있잖아요? 1단원을 먼저 개념서를 보고 기본문제를 풀어요. 그리고 2단원으로 개념서를 넘어가고 동시에 1단원에 해당하는 문제를 푸는 거예요. 그러면 전 단원에서 내가 몰랐던 부분에 대해서 다시 짚을 수도 있고 계속 전 단원의 감을 잃지 않으면서 진도도 나가고 문제도 풀 수 있어요. 그렇게 짚고 나가면 마지막 단원까지 나가도 앞의 부분이 많이 기억에 남아요.

근데 한 가지 단점이 있다면 시간이 너무 오래 걸린다는 거예요. 저는 수학을 좋아하는 편이었는데도 때로는 시험 범위보다도 제 진도가 늦게 나간 적이 있어요. 그래도 우직하게 밀고 나가는 수밖에 방법이 없다고 생각해요. 필요한 개념과 공식만 쏙 외우고 기본 문제 풀면서 아무리 많은 단원 나가고 많은 문제 풀어봤자 결국엔 소용이 없거든요.

그리고 특히 수학 공부하실 때 오답노트를 많이들 만들잖아요. 저는 오답노트가 사용만 잘 된다면 엄청 좋은 효과가 있다고 생각해요. 하지만 오답노트를 너무 열심히 만드는 것은 도움이 안 돼요. 열심히 만들어 놓고 보지도 않는 경우가 있는데 차라리 오답노트를 안 만드는 편이 공부에 훨씬 도움이 되는 경우에요.

오답노트를 만들어서 활용하고 싶다면 무조건 간단하게 만드세요. 문제 쓰거나 붙이고 놓친 부분이나 중요한 부분에 대해서만 써놓으세요. 그래야 오답 노트가 나중에 두꺼워져도 효율적으로 살피면서 복습할 수 있어요.

그리고 자신에게 맞는 공부방법이 찾았다는 확신이 들면 무조건 그 방법을 고수하세요. 전교 1등이 와도, 아니 공부의 신이 와서 다른 방법 알려줘도 그 방법을 따라가면 안 돼요. 자신에게 맞는 방법이 자신에겐 정답이에요.

그렇게 개념을 완전 이해할 때까지 책보고 문제 풀고 이해해가면서 우직하게 나가다 보면 나중에 모르는 문제가 나와도 당황하지 않게 되요. 그리고 원리를 다 이해하고 있기 때문에 어떻게든 새로운 방식을 사용해서 문제를 풀 수가 있고요. 비록 답지에 나온 것처럼 효율적인 방식이 아니라고 해도 말이에요.

그리고 마지막으로 한 가지만 더 말씀 드릴게요. 서점에 가면 수학 공식을 정리해 놓은 책들이 많이 있는데요. 그 중에 중학생용 책이 있어요. 중학생이 알아야 할 공식과 개념들을 한 권에 다 정리해 놓은 책이에요. 그 책을 꼭 수능보기 전에 최소 한 번은 보세요. 특히 도형의 특성 같은 것들이 아주 잘 정리되어 있어요. 고등학교 와서는 그 부분에 대해서 자세한 설명은 하지 않고 응용된 문제만 나오거든요. 그래서 중학교 때의 개념과 공식을 확실히 짚고 넘어가면 특히나 어려운 응용문제를 풀 때에 큰 도움이 되요. 수리는 한 문제당 4점이라서 한 문제를 맞추느냐 틀리느냐에 따라서 등급이 달라지는 경우도 있어요. 그런데 제가 생각하기에는 중학교 때 공식과 개념을 아느냐 모르느냐에 따라서 정말 어려운 응용문제가 아주 쉬워지는 경우도 있었거든요. 그래서 쉽거나 이미 안다고 무시하지 말고 꼭 한번은 이 책을 통해 정리 하는 걸 추천 드려요.

과탐 같은 경우는요. 일반적으로 선생님들이나 유명한 강사 분들이 말씀하시는 걸 들어보면 방학이나 시간이 좀 여유 있을 때 몰아서 하라고 주로 이야기하더라고요. 근데 저는 그런 생각과는 달리 과탐도 꾸준함이 생명이라고 생각해요. 과탐도 수학과 마찬가지로 앞에서 나오는 개념이 이해가 되어야지만 뒤쪽의 더 상위 개념이 이해가 되는 방식이에요. 그런데 그렇게 많은 개념들을 단시간에 몰아서 이해하고 수능 때까지 기억한다는 것이 제가 보기에는 조금 힘들어 보여요. 그건 공부를 하는 게 아니라 벼락치기죠. 물론 벼락치기가 효과가 있을 때도 있어요.

그런데 여기서 중요한 문제가 생겨요. 수능 문제의 난이도에 따라서 차이가 있지만 반드시 변별력을 위해서 어려운 응용문제가 나오거든요. 근데 이런 문제들은 벼락치기 방식의 외우는 공부로는 결코 맞출 수가 없어요. 운이 좋아서 찍으면 모를까요. 과학2를 선택했다면 이런 문제는 더 많이 나와요. 정 급하면 벼락치기 하세요. 그러나 그것은 결코 좋은 방법이 아니에요.

제가 말씀드린 방법도 많은 시간을 투자할 필요는 없어요. 그냥 과탐 시간에 수업을 들으면서 그때 배운 부분만 이해하려고 노력하면서 차근차근 넘어가세요. 과탐 시간에 다른 공부하지 말고 집중하세요. 어차피 과탐도 수능 때 봐야 되는 과목인데, 그 시간에 다른 과목 공부하는 건 엄청 비효율적이에요.

그리고 인강을 볼 때도, 요새는 인강에 좋은 강의 정말 많거든요. 꼭 개념을 차근차근 이해하는 데에 중점을 두었으면 좋겠어요. 개념을 확실히 알게 되면 문제집을 한 권만 풀어도 자신감이 생겨요. 자신이 생각한 원리대로 문제가 풀리거든요.

저는 외국어는 나중에 공부해서 등급 올리기 가장 힘든 과목이라고 생각해요.

외국어는 어려서부터 열심히 하는 학생들도 많고, 수학처럼 이과, 문과에 따라서 그렇게 차이가 나는 과목이 아니에요. 그래서 외국어를 보통 항상 1등급을 맞는 아이들은 거의 정해져 있다고 봐요. 이런 아이들은 문제가 여려워도 쉬워도, 난이도에 상관없이 언제나 1등급을 맞을 수 있는 아이들이에요. 가끔 문제가 쉽게 출제되면 그 밑의 아이들도 여기에 끼는 경우가 있는데 일반적으로는 힘들어요.

제가 왜 초반부터 힘 빠지게 이런 말씀을 드리는가 하면, 바로 그렇기 때문에 목표를 너무 높게 잡거나 진짜 외국어 잘하는 아이들을 대상으로 경쟁하지 않는 것이 좋기 때문이에요. 최상위 등급이 아니라 바로 아래등급으로 목표를 잡고 공부를 해야 마음도 편하고 효과도 좋아요. 또 이런 상태로 공부를 해야 목표했던 것보다 더 높은 점수를 받을 수 있고요.

흔히들 영어는 단어가 가장 중요하다고 하잖아요? 제가 생각하기에는 뭐 따로 글씨로 적고 이러는 것 보다는 그냥 까먹어도 다시 보고 다시 보고 하는 방법으로 반복하는 것이 가장 좋은 것 같아요. 저는 한 5번 정도 다시 보면 까먹었던 것도 완전히 기억이 되더라고요. 암기는 비법이 있다기보다는 그냥 자주 보면 외워지게 돼 있어요.

그리고 독해는 단어를 알면 어느 정도 쉽게 풀 수가 있는데요. 어떤 스킬이나 비법이 있다고 생각하지 말고 어느 정도 문맥을 이해하면서 정공법으로 공략하는 것이 좋아요. 독해의 경우에는 정확히 해석이 안 되고, 문장의 구성을 몰라도 뜻은 알 수가 있거든요.

반면에 문법 같은 경우에는 인터넷 강의나 따로 단기 과외 같은 것을 받는 게 좋아요. 외국인한테 배우는 것보다도 그냥 우리나라에서 공부하신 문법에 대한 경력이 있고 실력이 있는 선생님한테 배우세요. 문법은 아는 만큼 보이는데, 한국 사람이 한국 문법 모르듯이 외국인도 마찬가지거든요. 문법은 혼자 하기에는 너무 방대하고 감을 잡기가 힘들어요. 그러니까 실력있는 선생님들의 강의를 활용하는 것이 가장 효율적이에요.

그리고 제가 수시를 통해 대학을 갔으니까 **논술**에 대해서도 살짝 말씀드릴게요.

논술은 자기가 쓴 글을 다시 읽어보는 게 가장 기본이에요. 자기가 썼던 글을 다시 읽어보면서 말이 안 되는 부분을 고치는 연습을 많이 해보세요. 이과 쪽 논술은 자기의 의견을 쓰는 것이 아니라 문제를 주고 답을 준 다음에 그 과정에 대해서 서술하는 방식이거든요. 그래서 문제가 잘 나오면 별 생각 없이 모범 답안을 적는 행운이 생길 수도 있어요. 하지만 그런 경우에도 꼭 다시 한번 읽어보고 더 좋은 방법이 없나 2번, 3번 다시 살펴보면서 수정하는 것이 좋아요.

사실 제가 아까 말씀드린 대로 개념을 완벽하게 이해하면서 문제를 풀어 나가면 이런 논술에까지 큰 도움이 되요. 전 처음부터 공부를 이런 방식으로 해서 논술을 위해 따로 학원을 다니지 않았어요. 공부를 할 때 기초공사를 잘 다져놓으면 수능이든 논술이든 더 잘 준비할 수 있는 것 같아요. 물론 시간도 훨씬 절약되고요.

5. 고3인 후배들에게 해주고 싶은 이야기는?

무슨 일이 있어도 절대로 좌절하지 말라는 말을 해주고 싶어요.

너무 뻔한 말처럼 들릴 수도 있지만 정말로 절대로 좌절하지 마세요. 공부 좀 하다가 잘 안 되니까 그냥 재수 준비하는 친구들도 제 주위에 많이 있었어요. 그리고 내년부터 공부한다고 고3때 막 놀아버리는 거예요. 그런 마음가짐으로 재수를 해도 좋은 대학을 갈 수 있을까요? 정답은 여러분이 더 잘 알거예요.

그리고 최선을 다했다면 결과에 연연하지 마세요. 시험 끝나고 어떤 친구가 엄청 울면서 부모님에게 전화하는 걸 봤어요. 열심히 3년 동안 공부했고 그렇게 시험을 봤는데 축하를 받고 위로를 받아야지 너무 슬퍼할 필요는 없어요. 사람이 살면서 어차피 좌절도 맛보고 쓰러지고 하는데, 빨리 털고 일어나는 사람에게 더 금방 극복하고 더 좋은 일들이 생기잖아요. 포기하지만 않고 묵묵히 하나님이 주신 비전을 따라 자기 할 일을 해나간다면 토끼를 이긴 거북이처럼 대역전을 할 수도 있어요.

그러니까 너무 상심해 하지 말고 여러분이 생각하는 삶의 모습대로, 또 하나님이 바라시는 삶의 목적대로 살아가는 것에 초점을 맞추셨으면 좋겠어요.

그리고 마지막으로 공부하기에 너무 늦었다고 생각하는 고3 들을 위해 말씀드릴게요.

제가 예전에 인터넷에서 돌던 만화를 보고 마음이 짠했던 적이 있어요.

28살에 백수인 사람이 술을 마시면서 '내가 5년만 젊었어도 뭐든지 할 수 있었을 텐데' 라고 말하는 것이 첫 번째 컷이었어요.

그 사람이 5년이 지나서 33살이 되었는데 이번에도 술집에서 '내가 5년만 젊었어도 뭐든지 할 수 있었을 텐데' 라고 말하는 게 두 번째 컷이에요.

세 번째 컷에서는 그 사람이 잠에서 깨요. 그리고 바로 밖으로 뛰쳐나가요. 절대 늦은 때라는 것은 없다는 교훈을 가르쳐주는 만화인 것 같아요.

여러분이 시작을 하는 그때가 바로 맞는 때에요 절대로 늦었다고 생각하며 움츠러 들지 말고 당당히 하나님이 주신 꿈을 펼치세요.

6. 수험생 자녀를 둔 부모님들에게 해드리고 싶은 말

제가 고3 때 제 주변에 공부를 이유로 신앙생활 못하게 하는 부모님

들이 굉장히 많았어요.

저도 사실 그런 부모님들의 심정을 십분 이해해요. 그런데 제가 이렇게 고3 때를 지내보고 느낀 것은 공부가 신앙을 방해할 수는 있어도 신앙이 공부에 방해는 되지 않는다는 사실이에요.

신앙에서 분명히 얻는 아주 귀한 것들이 있어요. 그런데 그것이 눈에 보이지 않아서 사람들은 교회를 가는 것을 낭비라고 생각하고 차라리 잠을 자거나 공부를 더 하라고 이야기해요. 그런데 신앙을 통해서 얻는 귀한 것들은 그 생활을 하는 본인 자신이 가장 잘 알아요. 그것을 경험한 아이들은 그래서 고3이 아니라 더 심한 상황에 처해 있어도 결코 신앙을 타협하거나 저버리지 않아요.

그리고 공부 때문에 신앙을 잠시라도 접었던 사람들은 대학가서도 마찬가지예요. 취업 준비, 스펙 쌓기, 어학연수 등등 대학 생활이 고3 때보다 더 바쁘면 바빴지 못하지는 않거든요. 그래서 저는 많은 부모님들이 자녀들의 신앙생활에 대한 결심을 이해해주고 또 그런 방향으로 인도해주셨으면 좋겠어요.

좋은 대학이 마지막 목표라면 모르지만 좋은 인생이 목표라면 신앙생활이 훨씬 가치가 있는 일이거든요. 물론 공부에도 더없이 좋은 도움이 되고요.

연세대학교 1학년

문 선 욱

가슴을 울리는 비전을
신앙으로 찾으세요

대학이라는 중요한 관문을 학교 이름이나 편의만을 보고 가는 것은 낭비입니다. 이 중요한 시기를 정말 값지게 쓰기 위해서는 변하지 않는 비전이 반드시 있었야 합니다. 그리고 여러분의 뚜렷한 비전은 바로 신앙을 통해서 찾을 수 있습니다.

제가 지금 다니고 있는 학교와 과는 원주 연세대의 의예과인데요. 왜 이런 선택을 했는지에 대해서는 먼저 저의 비전에 대해서 설명 드려야할 것 같아요.

사실 저는 학교를 정하고 과를 정하는 데 가장 많은 고민을 한 사람일거에요. 점수로 갈 수 있는 최고의 대학과 과를 간 것도 아니고 학교와 과를 선택한 확실한 이유가 있거든요.

저는 어려서부터 원래 수리와 통계학에 관심이 많았어요. 고3이 되기 전만해도 당연히 수학과로 진학을 해서 학문을 심도있게 연구해 우리나라의 부족한 기초학문 발전에 이바지하고 싶은 것이 저의 비전이었어요. 또 농촌같이 좋은 교육 혜택을 받지 못하는 곳에서도 수준 높은 교육을 받을 수 있게 교육 환경을 개선하는 일도 해보고 싶었어요.

그런데 고3에 와서 제 생각에 많은 변화가 일어난 뒤 진로를 의예과로 바꾸기로 결정했어요. 수학과에서 의예과로 선택을 바꾼 이유는 '나를 위한 선택' 이 아니라 '다른 사람을 위한 선택' 을 하고 싶었기 때문이에요. 제가 저 스스로의 마음을 돌아보니 수학을 하고 싶은 것은 단지 저의 즐거움을 위해서였어요. 농촌의 교육환경 개선이나 기초

학문 발전과 같은 것은 단지 그 즐거움을 그럴싸하게 포장하기 위해서 꾸며낸 것에 불과하다는 것을 깨닫게 되었거든요.

그리고 제가 존경하는 과학자들이나 유명한 수학자들을 봐도 너무나 개인적인 학문이더라고요. 남을 위해서 봉사같은 것은 한 게 없고, 오로지 자신이 관심 있는 주제에만 평생을 빠져 사는 그런 학문이었어요.

수능을 본 뒤에도 고민은 계속되었는데요. 고심에 고심을 거듭한 결과 결국 다른 사람들을 위해 살아가는 의사가 되기로 마음을 먹었어요. 중,고등학교 때부터 계속해서 적성검사에서도 의예과가 적성에 맞는다고 결과가 나왔었어요. 이런 상황들을 종합해 최종적으로는 수학과 경제를 전공해 졸업 뒤 해외로 유학을 가기로 계획했던 저의 진로가 의예과를 나와 의사가 되어 다른 사람들을 위해 헌신하는 쪽으로 바뀌게 되었어요.

다음은 학교를 선택하게 된 계기였는데요. 사실 어느 대학이든 의예과는 매우 들어가기가 힘들지만 그 중에서도 서열이 존재하긴 해요. 속칭 5대 메이저라고 불리는 학교가 있거든요.

그런데 저는 그 곳에 들어갈 수 있는 성적은 됐었어요. 그렇지만 저는 과를 선택할 때도 먼저 제 신앙적인 원칙과 가장 잘 맞는 곳으로 골랐어요. 제가 고3때 새벽예배를 드리면서 앞으로 술을 먹지 않는 생활을 하겠다고 결심을 했는데요. 의대 쪽은 술과 관련된 문화가 아주 강하다고 그러더라고요. 물론 그런 곳에서도 다니엘처럼 이겨낼 수도 있겠지만 그래도 음주에 관련된 문화가 조금 강하지 않은 곳에 가서 다른데 신경 쓰지 않고 공부에 더욱 전념하고 싶었어요.

그런데 원주 연세대는 교수님들의 영향때문에 의예과 분위기가 술을 자제하고 또 서로 권하지 않는 분위기라는 말을 들었거든요. 그래서 저는 아무런 주저 없이 이곳에 원서를 넣었어요. 어떤 선택을 하던 간에 최대한 신중하게 깊이 생각해본 다음에 학교와 과를 정하는 것이 좋은 것 같아요. 특히나 대학은 앞으로의 삶을 사는데 아주 중요한 관문 역할을 하고 있으니까요.

2. 고3때의 신앙생활은 어땠나요?

저는 돌이켜보면 고3때 가장 신앙생활을 열심히 했던 것 같아요.

힘들수록 더욱 하나님을 의지해야 한다는 생각이 있었는데 다행히 저희 부모님도 모두 신앙이 있는 분들이라 이런 저의 신념을 되도록 이해해주시고 지켜봐주셨죠.

고2때 제가 성가대에 들어갔었는데요. 고3 돼서도 한 번도 안 빠지고 성가대에 참여했어요. 물론 수련회도 갔죠. 제가 그때 조장까지 맡아서, 수련회 가기 전에도 준비를 해야 되니까 먼저 시간을 많이 내야 했었는데요. 이때는 부모님이 살짝 걱정하시면서 만류하시는 바람에 약간의 마찰이 있기도 했어요.

그런데 저는 고3때의 신앙생활이 정말 즐거웠어요.

성가대를 통해 부르는 찬양들도 너무 좋았고 교회에서 서로 교제하고 하나님을 만나는 시간이 제가 평소에 공부하며 겪는 힘든 부분들을 모두 치유해주었거든요.

제가 고2때까지는 조금 개인적인 성향 때문에 공동체 생활도 잘 못하고 조금 이기적으로 살고 그랬는데, 고3 때부터 신앙생활 열심히 하면서 인생에 대한 생각이라든가, 사람들을 대하는 자세라든가, 이런 전반적인 부분들이 많이 긍정적으로 바뀌었어요.

제 수험생활을 돌이켜 보면 가장 기억에 남는 부분은 수능 잘 본 것도 아니고 의대 합격한 것도 아니에요. 그냥 고3이라고 핑계대지 않고 열심히 했던 신앙생활이 가장 뿌듯하고 기억에 남아요.

물론 어떤 분들은 제가 그냥 하는 말이라고, 제가 대학 잘 갔으니까 부리는 여유라고 생각할 수도 있을 거예요. 하지만 생각해보세요. 제가 신앙생활을 잘 하면서 대학을 갔기 때문에 하나님 앞에 진심으로 감사하고 즐거워할 수 있던 거예요. 제가 교회 빠지면서 대학 잘 갔으면 하나님 앞에 떳떳할 수 있었을까요? 그래서 저는 물론 고3의 때가 아주 중요한 때이긴 하지만 신앙의 문제와는 별개로 나누어서 다루어야 한다고 생각해요.

제가 다니던 학교가 미션스쿨이었어요.

매주 수요일마다 채플을 통해 예배를 드리고 또 매일 아침마다 30

분가량의 경건회라는 이름의 예배 시간이 있었어요. 그런데 1,2학년 때 예배를 드리던 아이들도 고3이 되니까 그 시간에 자고, 공부하고, 집중을 전혀 하지 못하더라고요.

만약 평소에 신앙생활을 잘하다가 고3이 되면서 이런 부분으로 갈등하는 분들에게는 이번 기회에 하나님에 대한 자신의 믿음을 다시 한 번 점검해보라고 권해드리고 싶어요. 그리고 자신의 믿음이 진짜라는 확신이 생긴다면 다른 사람들의 말이나 어떤 강요에 휘둘리지 말고 최선을 다해 눈치 보지 말고 열심히 신앙생활을 다했으면 좋겠어요.

3. 수험기간 중 신앙생활에 대한 두려움은 없었나요? 극복 비결은?

정확히 말씀드리면 저는 신앙생활에 대한 두려움이 아니라 고3 생활에 대한 두려움이 있었어요.

고3이 되니까 갑자기 막막해지더라고요. 제 미래도 두려웠고, 제가 무엇을 정말로 하고 싶어하는지도 잘 모르겠고, 생각이 정리가 되지 않았어요. 이런 부분들은 성적과는 아무런 연관이 없으니까, 점수가 잘 나온다고 해서 마음에 위안이 되거나 그러지는 않았어요.

그래서 질문처럼 신앙생활의 두려움을 어떤 계기로 극복한 것이 아니라 저는 오히려 반대로 고3 생활에 대한 두려움을 신앙생활로 인해 극복했다고 말씀드려야 할 것 같아요. 그래서 일부러 교회에 한 번도 안 빠지고, 고등부 성가대 테너 장까지 맡으면서 그전보다 교회에도 더 빨리 와서 준비했어요. 그래서 덕분에 제 인생의 확실한 목표를 찾을 수 있었어요.

아마 이런 고민은 저뿐 아니라 모든 고3들의 공통점일거에요. 어쩌면 대학에 가서도 해결되지 않는 문제일 수도 있어요. 성적이 안 나오는 친구들은 먼저 성적에 대한 고민과 두려움이 찾아오겠지만, 성적이 나오는 친구들 역시 그 잘 나온 성적을 가지고 어떤 대학을 가서 장차 어떤 일을 하고 싶은지에 대한 뚜렷한 목표가 없는 학생들이 대부분이거든요. 근데 제가 볼 때는 성적보다도 목표를 설정하는 것이 더 중요한 것 같아요. 그래서 저는 가장 중요한 목표를 설정하는데 신앙생활이, 특히 고3 때의 신앙생활이 더욱 도움이 되고 중요하다고 말씀드리고 싶네요.

4. 힘이 되었던 성경 말씀이나 찬양은?

제가 수능보기 전 주에 교회에서 고등부 예배 시간에 성경 구절을

하나씩 뽑는 행사가 있었거든요.

그런데 스바냐 3장 17절 말씀이 나왔어요.

'너의 하나님 여호와가 너의 가운데에 계시니 그는 구원을 베푸실 전능자이시라 그가 너로 말미암아 기쁨을 이기지 못하시며 너를 잠잠히 사랑하시며 너로 말미암아 즐거이 부르며 기뻐하시리라 하리라'

이 말씀이 정말로 너무나 좋고 위로가 돼서 지금까지도 항상 지갑에 넣어가지고 다녀요.

그리고 한 구절이 더 있어요.

제가 고3때 갔던 수련회에서 저희 조였던 후배가 수능 전날 저를 위해서 보내준 말씀이에요.

예레미야 애가 3장 19절부터 22절 말씀이에요.

'내 마음이 그것을 기억하고 내가 낙심이 되오나 이것을 내가 내 마음에 담아 두었더니 그것이 오히려 나의 소망이 되었사옴은 여호와의 인자와 긍휼이 무궁하시므로 우리가 진멸되지 아니함이니이다'

제가 고3 내내 이 말씀들을 의지하며 지내오진 않았지만 그래도 가장 중요한 수능 보기 전에 마음을 다잡게 하고 힘을 주었던 말씀들이에요.

저는 좋아하는 찬양을 수험 기간 중에도 많이 불렀어요.

어머님이 항상 피아노를 치면서 불러주시던 '이 산지를 내게 주소서' 라는 찬양도 힘이 되었고, 제가 너무나 좋아하는 '하나님의 은혜'는 하루도 빼먹지 않고 매일 불렀어요.

그런데 사실 가장 저에게 힘이 되었던 찬양은 시편 40편이었어요. 수험 기간 중에 제가 정말 힘이 들 때가 있었는데요. 그 때 이 찬양 부르면서 정말 펑펑 눈물을 흘렸어요.

'하나님의 음성을 듣고자 기도하면 귀를 기울이시고 내 기도를 들어 주신다네 깊은 웅덩이와 수렁에서 끌어 주시고...'

아마 너무도 유명해서 교회 조금만 오래 다닌 친구들이라면 다 아는 찬양일거에요. 항상 부르던 찬양인데도 저의 체험으로 인해 가사가 너무 진중하게 다가오면서 새롭게 묵상이 되더라고요.

5. 구체적인 공부 방법에 대해서 알려주세요

공부방법에 대해서는 제가 해드리고 싶은 내용이 조금 많아요.

2012학년도의 수능은 대부분이 아시듯이 교육방송과 정말 연계가 많이 되어있어요.

내년도에도 연계가 줄어들지 않는다고 하니 이번 수능 역시 교육방송을 활용하는 것이 정말 중요하겠죠?

그런데 많은 분들이 교육방송이 중요하다는 사실은 알지만 제대로 활용하는 방법에 대해서는 모르고 계세요. 대부분 전 과목에 해당하는 것을 외우려고 하다 보니 시간이 모자라 대충 문제집을 한번 풀고, 또 틀린 것만 확인한 후에 끝내는 분들이 많아요.

그런데 제가 보기에는 이런 방식이 아주 비효율적인 방식이에요. 그래서 일단 제가 공부했던 방식을 개괄적으로 설명 드릴 테니 한번 들어보시고 자신에게 맞는 부분은 활용하셨으면 좋겠어요. 물론 쉬운 방법은 아니지만, 그래도 수능에 가서 정말로 진가를 발휘하는 방법이라고 개인적으로 생각해요,

먼저 저는 모든 과목을 조금씩 나눠서 공부하는 방법을 추천 드려요.

수능은 여러 개의 공을 던지면서 균형을 잡아야 하는 '저글링' 과도 같아요. 고1, 2때는 집중적으로 약한 과목이나 필요한 과목에 올인을 해도 상관이 없지만, 고3은 정말로 실전만을 준비하는 기간이에요.

언어, 수리, 사탐, 과탐, 외국어, 모든 과목이 균형이 잘 맞아야 되요. 그래서 한두 과목만 집중 공략하는 것보다는 여러 과목을 돌아가면서 학습하는 방법을 사용하는 거예요. 그럼 각 영역에 따라 어떻게 제가 공부했는지 구체적인 방법을 말씀드릴게요.

먼저 언어 영역부터 살펴보면, 개념어가 가장 중요해요.

개념어를 잘 정리하면 문학같은 경우는 거의 끝난 거나 다름없다고 생각해도 되요. 개념어를 잘 파악해서 EBS작품들을 정확하게 분석을 하는 것이 필수에요. 단어의 뜻을 정확히 모르고 모호하게 이해하

고 있으면 작품을 잘못 해석하게 되고 결과적으로 오답을 고를 확률이 높아져요. 먼저 문학용어와 개념어에 대한 정리를 한 뒤에 작품 분석을 하는 것이 옳은 방법인 것 같아요. 그리고 비문학의 경우는 하루에 한 지문이라도 꾸준히 푸는 끈기가 필요해요. 저는 아예 문제집에 체크를 하지 않고 풀었어요. 같은 문제집을 반복해서 보는데 답이 표시되어 있거나 채점이 되어 있으면 뭔가 흥미도 떨어지고 집중도 안 되더라고요.

저는 비문학의 경우에는 문제집 한 권당 다섯 번 정도는 반복해서 풀었던 것 같아요. 쓰기/어법은 제가 약한 분야라서 EBS에 나왔던 개념어를 정리하면서 공부했어요. 어쩔 때는 문제에 나온 보기나 다른 답까지도 같이 공부했어요. 시문학의 경우에는 작가 중심으로 현대시를 정리하면 성향이나 시의 느낌들을 구분하고 파악하기가 쉬웠던 것 같아요.

그 다음은 수리에요.

수리에 대해서는 먼저 이 말씀부터 드릴게요. 문과에 있는 분들과 이과에 있는 분들 모두 해당하는 소리에요. 절대 끝까지 포기하지 마세요. 유독 수리에 약점을 가지고 있는 분들이 많기 때문에 수리는 상대적으로 소홀히 다루면서 다른 과목의 점수를 올리려는 작전을 짜는 분들이 있는데 사실 아주 위험한 작전이에요.

제가 수능 영역 중에서 가장 자신 있는 부분이 수리였어요. 평소 뿐 아니라 모의고사 때도 항상 잘나왔기 때문에 수능 1주일 전에는 안심하고 아예 공부를 안했어요. 대신 제가 약한 부분에 집중했죠. 그리고 수능을 봤는데 다른 영역은 모두 만점 받았는데 수리만 3개를 틀렸어요. 그러니까 자신있는 과목과 묻히는 과목을 생각하지 말고, 비중은 조절하되 마지막까지 모든 과목을 점검했으면 좋겠어요.

그런데 사실은 제가 위에서 말씀 드렸듯이 수학을 정말 좋아해서 중학교 때부터 어려운 문제들을 풀면서 실력을 쌓았기 때문에 저의 경우가 다른 분들에게는 도움이 되지 않을 수도 있어요. 그래도 한 가지 말씀드리자면 EBS 중심으로 공부를 하면서 혼자만의 생각할 시간을 좀 가져보세요. 그리고 한 문제를 다양한 관점으로 볼 수 있는 능력이 생기면 정말 좋아요. 한 문제만 붙잡고 있는 것이 시간 낭비처럼 보이지만 같은 문제를 다른 관점으로 생각할 줄 아는 사람은 새로 나오는 문제도 금방 분석하고 풀이를 해낼 수가 있거든요.

만약에 수리에 관심이 있거나 실력이 있는 친구가 있다면 그 친구와 같이 일주일에 몇 번 정도 만나서 공부하는 시간을 가진다면 서로의 생각도 넓히면서 실력도 쌓을 수 있는 좋은 방법이 될 수도 있어요.

다음은 외국어에 대해서 말씀드릴게요.

제가 외국어에서 가장 중요하게 생각했던 것은 문제의 지문을 MP3로 듣는 것이었어요. 개인적으로 EBS에서 내놓은 좋은 교육방침 중에 하나라고 생각하는데 다른 친구들을 보면 외국어 듣기는 돈 주고라도 다운 받아서 듣고 공부를 하는데 정작 지문 MP3는 안 듣더라고요. 저는 오히려 지문 MP3 파일을 학교 오면서, 가면서 항상 들었어요. 또

짬짬히 이동하거나 시간 날 때마다 항상 들었어요. 조금 심하다고 생각하실 수도 있는데 심지어는 자면서도 틀어놓고 잤어요. 제가 듣기에 조금 약한 편이라 처음에 한 번 듣고는 단어도 잘 못 알아들어요. 그래서 지문들을 복습하는 의미로 계속해서 MP3를 들었더니 외국어에 대한 감각도 생기면서 지문에 나온 단어들까지 모두 기억하게 되었어요. 그러면서 점수도 자연스럽게 올랐어요.

듣기 평가는 아예 점심을 먹고 올라오자마자 바로 한회씩 매일 풀었어요. 그러면 실제 수능 보는 시간이랑 비슷하거든요. 따로 시간을 많이 내지 않으면서도 실전에서 바로 도움이 되는 방법이었던 것 같아요.

그리고 저는 사탐은 보지 않고 과탐을 봤기 때문에 마지막으로 과탐에 대해서 말씀드릴게요.

과탐에서 가장 중요한 것은 개념이에요. 모두가 강조하기 때문에 이제는 식상하게 들릴 수도 있어요. 그러나 막상 개념을 중요하게 생각하는 분들도 개념을 바르게 이해하려고 하기 보다는 그냥 문제 푸는 양에 집중하더라고요. 그런데 개념을 정말로 완벽하게 이해하고 있어야 되요. 저는 만약에 문제를 풀다가 틀린 부분이 나오면 그 문제에 관련된 모든 것을 공부했어요. 보통은 문제가 왜 틀렸는지 보고 답지 정도 확인하고 넘어가지만, 저는 그 문제에 관련된 대단원을 싹 다시 공부했어요. 물론 이런 방식이 비효율적으로 보일 수도 있어요. 하지만 대단원을 다시 공부하면서 다른 개념들까지도 다시 공부가 되면서 재정리가 되는 효과가 있어요.

그리고 개념을 확실히 아는지 테스트 하는 법이 있는데요. 저는 이 방법을 '백지법' 이라고 불러요. 먼저 백지에 자기가 아는 개념을 하나 써 봐요.

예를 들면, 먼저 단원명을 쓰고 그 밑의 개념과 정의에 대한 것을 싹 써가면서 정리를 해보는 거예요. 그리고 자신이 쓴 것과 교과서, 혹은 참고서의 정리된 부분과 비교를 해보면 자신이 확실히 알고 있는 개념, 잘못 알고 있는 개념, 아직 모르는 개념이 싹 구분되어서 더 효율적으로 공부의 목표를 정할 수가 있어요. 그렇게 몇 번 백지를 채워가면서 빈 공간을 메우다보면 자신만의 개념노트가 멋지게 정리되어 나와요. 개념이 확실하면 문제를 푸는 것은 그렇게 어렵지는 않아요.

6. 공부하고 나서 가장 후회되었던 점은 무엇인가요?

방학을 알차게 보내지 못했던 것이 가장 후회돼요.

없는 말을 만들어내는 것이 아니라 고3의 여름 방학 때를 저는 너무 놀면서 대충대충 보냈어요. '수능이 다가오는데 왜 공부를 더 열심히 안했을까? 라고 혹시 생각하시나요? 후후, 그런데 저뿐 아니라 많은 수험생들이 여름 방학 때부터 공부 양을 조금씩 줄이기 시작해요.

생각해보세요. 날씨는 덥죠, 체력은 딸리죠, 그리고 이미 그때가 되면 EBS교재가 모두 나와 있어요. 그 양을 보는 순간 이미 압도당하고 말죠. 시작할 엄두도 나지 않는다는 표현이 맞을 것 같아요.

그리고 그때부터 특기자 전형과 논술, 입학 사정관제 등등 여러 가지 준비할 것이 많이 생기고 그런 것에 전념하는 아이들이 많이 나오기 때문에 그런 여파로 인해서 마음이 조금 소홀해지기도 해요. 물론 이런 전형을 잘 준비하면 수능이 조금 약하거나, 아예 보지 않고도 대학에 갈 수 있어요.

그런데 제 경험에 비추어 보면 저런 전형으로 들어갈 확률이 높은 아이들 중에서도 끝까지 흔들리지 않고 공부와 함께 준비하는 아이들이 더 합격이 잘 되더라고요. 그리고 ' 흔들리지 말고 방학을 알차게 보내십시오' 라는 말보다는 이 말씀을 더욱 드리고 싶네요. 저도 겨우 여러분 보다 끽해야 몇 년 더 살았을 뿐이지만요. "여러분이 지금 꾸준히 해오고 있는 공부 방식이 최고의 방식이다는 생각을 항상 잊지 마세요."

고3 중간에 공부 방식을 바꾸는 것은 적응 기간도 필요하기 때문에 너무 늦어요. 괜히 '성적 비법' 이나 '공부 방법' 같은 것에 혹해서 이 것저것 바꾸지 말고 여러분이 지금 하고 있는 공부 방법을 믿고 유지하세요. 물론 작은 부분이나 비중 정도의 조절은 어떤 경우든지 충분히 필요해요.

7. 공부를 해도 성적이 안 오르는 학생들에게 해줄 수 있는 조언이 있나요?

공부를 해도, 아니 공부를 열심히 해도 성적이 안 오를 수 있어요. 아마 경우는 다르지만 크게 2가지 정도가 있을 것 같아요.

첫 번째는 냉정하게 말해서 좀 그렇지만, 열심히 한다고 생각은 하지만 실제로는 그렇게 열심히 하지 않는 경우에요. 제 고3 생활만 떠올려 봐도 공부할 때 귀에 이어폰 꼽고 노래 들으면서 공부하는 아이들 참 많았어요. 문제집 풀면서도 핸드폰은 계속 만지작거리죠. 저는 1년 동안 mp3로 영어지문이 아니라 다른 음악이나 라디오를 들은 것은 1시간도 되지 않아요. 핸드폰은 아예 없애버렸죠. 신경 쓸데가 많아지면 집중이 힘들어지니까요. 물론 노래를 들으면서 공부가 잘되는 분들도 있을 수 있어요. 점수도 잘 나오고 있다면 괜찮지만, 그래도 수능 때에는 음악을 들을 수 없다는 사실을 반드시 염두에 두셔야 되요. 그리고 평일에 최소한 4시간은 공부해야 되요. 순수하게 공부한 시간을 말씀드리는 거예요. 이 경우를 충족시키지 못한다면 제가 보기엔 아직 열심히 한다고 하기에 조금 노력이 부족한 것이 아닌가 싶어요.

두 번째는 아직 공부한 실력이 밖으로 드러나지 않기 때문이에요.

시기가 아직 안 된 거죠. 쉽게 생각해서 공부를 한 만큼 물이 차는 독이 있다고 보면 되요. 이 독이 하나씩 찰 때마다 성적이 오르는 거죠. 고3 때 공부를 아무리 열심히 한다고 해도, 그전의 생활에서 독에 물을 많이 채워놓지 못했다면 성적이 올라오는 시간도 늦어질 수밖에 없겠죠. 이 경우는 사람마다 쌓은 실력이 모두 다르기 때문에 그냥 꾸준히 하는 수밖에 없어요. 절대로 마음을 약하게 먹거나 점수 때문에 흔들리지 말고 마지막까지 열심히 해야 되요. 그리고 이런 친구들 중에 의외로 수능이 정말 가까워지면서 성적이 오르는 아이들이 많이 있었어요. 공부해도 성적이 안 오를 때는, 낙심하지 말고 조금만 더 하면 독이 가득 찬다고 생각하세요.

8, 고3 때의 하루 일과는 어땠나요?

고3 때 저의 하루 일과는 제가 뭐 말을 길게 하기보다는 정말로 어떻게 지냈는지 시간표를 말씀드리면서 간략하게 부연설명만 할게요. 참고로 평일 기준의 시간표예요.

6시 20분에 기상을 한 뒤에 등교를 준비해요.

7시까지 학교에 도착을 한 뒤에 7시 30분까지 영어 듣기 평가를 하고 단어를 외워요. 모의고사를 보는 날이면 이 시간에 언어에 나오는 문법을 정리할 때도 있어요.

7시 40분부터 8시 30분까지는 0교시 수업을 들어요. 그리고 30분 동안 경건회를 하고, 9시부터 12시 50분까지는 일반 수업을 들어요.

그리고 점심시간인데, 점심을 먹자마자 교실에 올라와서 영어듣기 1회분은 반드시 했어요. 시간이 남으면 영어 단어를 외우거나 언어 비문학을 교대로 풀었어요.

점심시간이 끝나면 5시 40분까지 수업을 들었어요.

그리고 야자를 했는데, 몸이 피곤할 때는 밥을 빨리 먹고 30분 정도 잠을 잔뒤에 야자를 했어요. 그리고 야자를 마친 뒤에 기도회에서 기도를 한 뒤에 집에 돌아오면 12시쯤 됐어요.

잠이 안 올 때는 야식을 부담되지 않을 정도로 간단하게 먹고 1시간 정도 부족한 공부를 하기도 했는데요. 보통은 집에 오자마자 씻은 뒤에 바로 잠을 잤어요.

그런데 단순히 바쁘게만 살면 안 되고요. 하루를 가치 있게 보냈는지 평가할 수 있는 원칙이 있어야 되요.

저는 첫 번째로 하루에 세운 계획 80% 이상 실천하기, 두 번째로 오늘 못한 일들은 내일 쉬는 시간에 하기, 세 번 째로 등하교길과 점심시간, 그리고 저녁 시간은 mp3 활용해서 EBS 외국어 지문 복습하기를 저의 원칙으로 세우고 반드시 지키기 위해서 노력했어요.

9. 이 책을 보는 학생들에게 꼭 해주고 싶은 말은?

'늦었다고 생각한 때가 가장 빠른 때다' 라는 말이 있잖아요?

근데 제가 생각하기엔 이미 늦은 건 늦은 거예요. 하지만 지나간 세월 아쉬워하고 후회하는 인생은 허탈감밖에 안 남아요. 과거를 인정하되 지금부터 바로 살기 위해서 최선을 다하라고 말씀드리고 싶어요.

모든 학생들이 다 명문대를 가고 점수가 높은 과를 갈 수는 없어요. 같이 공부를 해도 성과는 다 다르게 나오잖아요.

저는 정말로 중요한 것은 지금의 때에 맞는 최선을 다해서 후회를 남기지 않는 것이라고 생각해요. 후회없이 최선을 다할 때에, 실제 나오는 성적이나 들어가는 과에 관계없이 스스로에 대한 자부심이 생길 거예요.

고3이 아무리 힘들고 어려워도 함께 힘든 시간을 보내는 친구들을 생각하고, 노심초사 지켜보시는 부모님을 떠올리고, 반드시 푸른 초장으로 우리를 인도해주실 하나님을 의지하세요.

신앙생활도 열심히 하셔서 꼭 성적보다 더 중요한 바른 목표를 찾고 그것을 위해 투자할 수 있는 뜻 깊은 고3 생활을 보내셨으면 좋겠어요. 여러분의 인생은 누가 대신 살아주지 않는다는 것을 기억하고 부디 현명한 선택 하시길 바랄게요.

10. 고3을 둔 부모님에게 드리고 싶은 말

　고3들이 보내야 하는 1년은 짧지만 긴 시간이에요. 사실 어찌보면 이 시기에는 고3 수험생들보다 부모님들의 뒷바라지가 더욱더 힘이 들 것이라고 저는 생각해요. 힘들다고 말하면 힘내라고 격려도 해줘야 하고, 절대로 자식들 앞에서 힘든 내색하지 않을려 노력하시며, 경제적인 어려움조차 공부하는데 방해가 된다는 명목으로 숨길려고 하는 부모님들의 심정은 사실 자녀분들도 다 느끼고 있을거에요.

　이렇게 고생하시는 부모님들에게 제가 무슨 말을 할 수 있을까 고민이 많이 되지만, 수험생으로서 1년을 보내온 제 경험으로 아주 약간 자식들을 이해하는데 도움을 드리고 싶어요.

　단지 지금처럼만 자녀분들을 믿고 기다려 주세요. 성적에만 너무 집중하시기 보다는 자녀와 부모님의 관계에 더욱 집중하는 것이 더욱 보람되고 성적 향상에도 도움이 된다고 저는 생각해요. 든든한 부모님이 계시기에 힘든 고3을 저희들이 이겨낼 수 있다는 사실을 잊지 않으셨으면 좋겠어요.

연세대학교 1학년

윤 석 우

저는 재수를 해서 대학을 갔습니다

신앙으로 버티는 사람은 결코 무너지지 않습니다. 원하는 학교를 가려고 재수까지 했는데, 수능 두 달 전까지 성적이 오르지 않았다면 여러분은 어떤 생각을 하시겠어요? 그러나 신앙생활로 인해 그 힘든 과정을 인내할 수 있었고, 달콤한 결실을 맛볼 수 있었습니다. 극한의 상황에서도 신앙을 놓지 마세요. 믿음이 약해지면 정신도 무너집니다.

저는 점수에 맞춰서 학교를 고르기보다는 애초에 연세대를 가는 것으로 목표를 세웠어요.

사실 정확히 말하면 명문대에 가는 것이 목표였는데, 이따가도 얘길 하겠지만, 저의 비전을 위해서는 소위 영향력 있는 학교에 가야될 필요성이 있었거든요. 그래서 연세대를 선택했는데, 사실 집에서 가장 가까웠기 때문에 통학도 그렇고, 공부하기도 그렇고 여러모로 편리할 것 같았어요. 아마 서울대에 붙었어도 연세대로 갔을 것 같아요.

역사학과인데, 어려서부터 역사를 좋아했고, 저의 비전에 어울리는 학과였거든요.

저는 재수를 해서 대학을 갔는데요. 고3때나 재수 때나 신앙이 공

부에 방해를 하다고는 전혀 생각하지 않았어요. 교회를 가는 것은 하나님과의 당연한 약속인데, 나의 작은 이득을 위해서 공부를 선택한다고 생각하니까 마음이 더 불안하고 힘들더라고요. 물론 반대로 교회에 나와서 공부 걱정 때문에 마음이 불안한 친구들도 있을텐데, 일단 그런 친구들은 스스로의 신앙에 대해서 한번 점검을 해볼 필요가 있다고 생각해요.

그리고 제가 생각하기에는 신앙생활이 공부에 더 도움을 주는 것 같았거든요.

고3때도 그렇지만 제가 재수 때 훨씬 공부도 열심히 하고 힘든 일이 많았어요. 재수생의 삶은 고3때보다 훨씬 힘들어요. 재수생의 일과는 정말 매일이 똑같아요. 다람쥐 쳇바퀴가 돌아가듯이 매일 같은 삶, 오로지 공부 외에는 아무것도 없는 삶이 바로 재수생의 삶이에요.

그런데 그렇게 1주일 내내 공부를 할 수 있을까요? 전 아니라고 생각해요. 그리고 가게 되면 마음이 참 편해요. 가장 먼저 예배를 드림으로 하나님을 만나는 시간이 너무나 은혜가 되고, 위로가 되요. 제가 가진 비전을 다시 확인할 수 있고, 하나님과의 교제로 마음을 다시 다잡을 수 있는 힘을 얻죠. 그리고 그 밖의 도움이 되는 것도 많아요. 조금 구체적으로 말씀드리면 교회에 가면 학생들이나 선생님이나 아는 사람들을 만나고 많은 대화를 나누거든요. 일주일 내내 공부하면서는 말을 할 일이 별로 없는데 그렇게 아는 사람 얼굴도 보고, 잠깐씩 대화도 나누고 하면 마음에 아주 큰 위안이 되요. 그 대화라는게 결국 공부하는 저에게 힘이 되고 격려해주는 말들이에요.

그리고 단순한 성공을 꿈꾸는 것이 아니라 정말 믿음 안의 바른 신앙의 목표를 가진 성공을 꿈꾸는 사람이라면 기도와 말씀을 듣는 시간이 필요하잖아요? 근데 재수 생활 때는 이 부분이 사실 컨트롤하기 힘들어요. 고민도 많고, 매일 시간 정하기도 힘들고, 그래서 주일날 교회를 올 때 이런 유익을 누리면서 또한 기도도 열심히 하고, 말씀도 듣고 하면서 영적인 부분의 갈급함도 채우는 거죠.

저는 신앙생활이 저의 공부에 있어서 수능에 실패했던 고3때나, 재수를 했었던 생활이나 조금도 나쁜 영향은 미치지 않았다고 생각해요. 일주일 동안 힘들었던 마음과 스트레스를 다 내려놓고 새로운 마음으로 다시 시작할 수 있는 기회가 되었다고 할까요? 사실 부모님에게도 말 못할 정도로 힘든 일이 많았는데, 그렇게 힘들 때마다 교회에서 기도하면서 혼자 눈물 흘렸던 적도 많아요. 힘든 상황일수록 교회생활과 믿음생활이 저에게는 더욱 큰 도움을 주었던 것 같아요.

3. 수험기간 동안의 신앙생활은 어떻게 했는지?

일단 가장 기본적인 주일 성수는 반드시 했고요. 그 밖에는 학원 일정이나 이런 것 때문에 교회에 갈 시간이 없었어요. 그리고 저희 교회는 아직 학생부나 청년부가 토요일 날 모이거나 예배를 드리지 않거든요.

제가 교회에서는 학생부에 보조로 교사 일을 돕고 있는데요. 그 일만큼은 지각도 하지 않고, 착실히 하려고 아주 많은 노력을 했어요. 다른 교회도 그렇지만 학생부 예배를 보통 아침에 일찍 드리잖아요? 저희 교회는 9시에 드리는데, 제가 가끔 반주를 하거나, 영상 장비 봉사를 하려면 최소한 30분은 일찍 도착해 있어야 되거든요. 6일 동안 열심히 공부하면 주일 날 아침에 조금 잠을 푹 자고 싶은 마음이 정말로 간절한데, (물론 제 상황 때문에 제가 목사님께 핑계를 대고 1년 봉사를 쉴 수도 있었지만) 그래도 제가 맡은 의무를 다하고 싶었어요.

그리고 오후예배까지 거의 빠지지 않고 참석하면 4시가 넘어서 거의 일과가 끝나는데, 거기서 무리하게 공부를 하고 그러기 보다는 거의 몸과 마음을 추스르면서 재충전을 하는 시간을 갖기 위해서 노력했어요.

제가 계속해서 말씀드리지만 아무리 고3이고 재수생이라고 하더라도 쉴 시간은 분명히 필요해요. 50%의 집중력을 가지고 1주일을 공부하는 것보다 5일만 공부하더라도 100%에 가까운 집중력을 가지고 하는 것이 훨씬 효과가 좋다는 말씀을 드리고 싶어요.

그런데 제 주변에도 공부한다고, 또 재수한다고 고3때 교회에 나오지 않는 아이들이 많이 있었거든요? 그 친구들도 보면 결국 평일에 열심히 안하거나, 피시방이나 이런 데로 몰래 빠져나가서 스트레스를 해소해요. 저는 그렇게 하느니 차라리 주일날 교회가서 당당하게 예배드리고 나머지 시간에 더욱 집중해서 공부하는 것이 어느 모로 보나 훨씬 효율적이라고 생각해요.

그런 것에 대한 확고한 믿음이 있었기 때문에 저는 고3때도 학생부 수련회에 빠지지 않고 참석했어요. 선생님들이 모두 말리고 심지어 교회 다니는 친구들까지도 '그렇게 까지 해야되냐?' 라고 이야기했지만, 제 소신을 굽히지 않았고, 결국 모두 이해를 해주시더라고요.

재수 생활 할 때도 이런 일 때문에 선생님들과 약간의 충돌은 있었지만 제 신념을 굽히지는 않았어요. 아, 그런데 정말 중요한 건 그냥 끌려와서 앉아있는 것 같은 수동적인 신앙생활은 전혀 도움이 되지 않는다는 거예요. 그래서 저도 재수할 때는 마음이 조금 조급해졌지만 그래도 교회로 인해서 나의 공부 시간을 빼앗긴다라는 생각은 조금이라도 하지 않으려고 많이 노력했어요.

4. 공부하면서 가장 힘들었던 일은? 그리고 극복 과정은?

가장 힘들었던 일은... 재수를 결정했던 일? 하하, 농담이고요. 물론 그래도 한 번에 붙는 게 가장 좋지만, 재수까지는 저는 선택해도 괜찮은 길이라고 생각해요. 일단 제가 재수할 때 학원을 다니면서 공부를 했는데요. 제가 있는 반이 그 학원에서 가장 상급반이었는데, 제가 그 중에서 꼴등이었어요. 정말로 가장 꼴등...

더욱 답답해 미치겠는 것은 공부를 고 3때보다도 정말 열심히했거든요. 그렇게 더욱 열심히 하는데도 점수가 조금도 오르지 않는 거예요. 노력을 하면 그래도 성적이 같이 따라 올라야 더 할 맛이 나고, 마음도 편하고 그러는 건데. 아무리 노력을 해도 점수가 제 자리에서 계속 오르지가 않았어요.

보통 수능 보는 학생들은 6월, 9월 모의고사가 가장 중요하다고 말하는데요. 심지어는 9월이 다 끝나서 본 모의고사 때까지도 점수가 제자리 걸음이었어요. 재수는 한데다가 공부는 열심히 했는데 성적은 안 오르지, 반에서는 꼴찌지... 제가 무지 답답해서 친구들에게 이야기를 해도, 친구들은 점수가 계속 오르고 있는 중이라서 제 심정을 이해를 못하더라고요. 어디 가서 하소연할 곳도 없고, 분명 내 노력이 부족한 건 아닌데, 뭐가 문제인지는 도저히 모르겠고, 그때 제 심정을 이해할 수 있는 사람은 아마 이 세상에 몇 명 없을 것 같아요.

그래서 그때 고민이 정말 많았는데, 부모님께 죄송해서 이야기도 못하겠더라고요.

친구들은 다 대학생활 즐기고 있거나, 연락도 안 되고... 마음이 너무 답답해서 혼자 한강을 갔는데, 저만 빼고 주변에 다들 커플인거에요. 환경까지도 나에게 이렇게 도움을 안 주나.... 정말 마음만 더욱 울적해져서 왔죠. 다들 행복한 사람들뿐인데, 나 혼자 불행한 것 같은 그런 느낌? 이 정도면 제가 얼마나 스트레스가 심했을지 아시겠죠? 그래도 다행히 10월 셋째 주, 넷째 주부터 성적이 오르기 시작했어요. 얼마나 하나님께 감사한 마음이 들었는지 몰라요.

정말 중간에 포기하고 싶었던 적이 한 두 번이 아니었지만, 그래도 10월 달 까지 꾹꾹 참으면서 계속해서 공부할 수 있었던 것은 정말 신앙생활 덕분이에요. 제가 매일 공부만 하는 상황 속에서 어떤 방법으로 스트레스를 해소하고 이겨낼 수 있었겠어요? 정말 일주일에 한번 교회에 가서 드리는 예배, 기도와 찬양 밖에 없었어요.

그리고 제가 위에는 친구들이 별로 공감을 못해줬다고 말했지만, 그래도 재수하면서 알게 된 친구들이 큰 힘이 됐어요. 아무래도 같은 처지이다 보니까, 서로 신경도 많이 써주고 기본적인 공감대는 형성되어 있으니까요. 그래서 너무 공부만 하느라, 기본적인 인간관계도 소홀히 하고 완전히 연락을 끊고 공부만 하는 사람들도 제 주변에는 있는데, 저는 그런 방식은 솔직히 권해 드리고 싶지는 않아요.

5. 구체적인 과목별 공부 방법은?

과목별 공부 방법은 일단 제 기준으로 요점만 추려서 말씀 드리도록 할게요. 그리고 저는 수시로 대학을 가서 논술과 수시를 준비하는 요령에 대해서도 말씀드리고 싶어요. 근데 가장 중요한 것은 자기 공부 방법은 자기가 찾는 게 가장 중요해요. 그러니까 저 뿐만 아니라 아무리 유명한 사람이 추천하는 방법이라 하더라도 참고만 하고 어느 정도 적용한 뒤에 자기에게 맞는 방법을 찾아야 된다고 생각해요.

먼저 언어 영역인데요, 언어에서 가장 중요한 건 감이라는 말이 있는데 그 말이 맞는 것 같아요.

그래서 한 번에 많은 범위를 공부하는 것보다는 조금씩이라도 매일 공부하는 방법을 선택했어요. 적어도 비문학 지문 3개정도는 매일 풀었고요. 일반 문학도 포함해서 하루에 6개 지문 정도는 꼬박꼬박 풀었어요.

그리고 가장 중요한 것은 틀린 문제뿐 아니라 맞은 문제까지도 왜 맞고, 왜 틀렸는지 근거를 찾아보면서 생각해봐야 되요. 개념은 이해 못해도 문제를 맞힐 수는 있거든요. 근데 그러면 다음에 틀릴 수도 있기 때문에 맞은 문제라도 확실히 다시 한번 이해하고 넘어가야 되요.

그리고 약한 부분이나 자주 틀리는 개념에 대해서는 노트를 만들어서 따로 체크를 했어요. 오답노트는 아니고 그냥 개념 정리 노트라고 생각하시면 되요. 제가 고3때는 그냥 마음 가는대로 공부했는데, 언어 점수가 들쭉날쭉 했거든요. 그런데 이 방법으로 한 6개월 정도 공부를 하면서 지문 읽으면서 중심 부분 찾으려고 노력하고, 중요 단어 이해하면서 꼼꼼하게 복습을 하니까 점수가 안정이 돼서 마음도 아주 편해졌어요. 문제는 여러 문제집을 풀기보다는 기출문제를 위주로 풀었어요.

수리는 제가 문과 출신이니까 간단하게만 이야기할게요.

같은 문제집을 풀기보다는 한권을 여러번 풀었어요. 오답 노트는 만들어도 잘 안 보게 되는 것 같아서 그냥 틀린 문제를 별표로 표시하고 문제집을 다시 풀 때 별표 친 문제 위주로 더 꼼꼼하게 살폈어요. 문제집을 많이 풀 때는 한 권을 5번 정도를 풀었어요. 별표가 3개 이상 달린 문제들은 나중에 따로 추려서 집중적으로 더 파헤쳤어요.

그리고 한 가지 팁을 드리자면 이건 모든 과목에 해당하는 방법인데요. 모의고사를 보고 나면 집에 와서 자기 전에 그날 모의고사 봤던 상황을 돌이켜보는 거예요. 문제집을 살펴보면서 내가 이 문제를 읽으면서 어떤 생각을 했고, 어떤 이유로 이 답을 골랐는지, 당시의 생각과 지문 읽는 시간까지도 아주 구체적으로요. 그러면 실전의 상황을 다시 한번 아주 생생하게 느낄 수 있게 되는 장점이 있고요. 어느 부분에서 내가 실수를 저질렀는지 스스로 깨닫고 보완할 수 있는 아주 좋은 방법이라고 생각해요.

그리고 외국어를 말씀드릴게요.

제가 고1, 2때는 점수가 그래도 잘나와서 1등급을 항상 찍었는데, 고3 올라와서는 공부를 더 열심히 하는데도 점수가 계속 떨어져서 수능 때는 4등급까지 나왔어요. 그래도 1, 2학년 때 잘했던 기억이 있어서 재수 때는 '열심히 하면 충분히 올라갈 것이다' 라고 생각을 했는데, 아까 제가 10월 달까지 점수가 안 올랐다고 말씀드렸었는데, 정말로 그때까지 계속 제 자리 걸음이었어요.

그런데 10월달 점수가 올랐던 순간에 가장 높은 점수가 올랐던 게 바로 외국어였어요. 점수는 안 올랐지만 제가 매일 단어 외우면서 독해와 기본적인 문법을 정말 열심히 공부 했거든요. 그런 부분이 잘 쌓여서 결국엔 좋은 결과로 이어진 것 같아요.

영어는 제가 생각하기에 단어가 가장 중요해요.

단어를 정말 열심히 외워야되요. 그런데 단어 외우는 시간을 정해 놓고 하기보다는 짜투리 시간을 이용해서 외우는 것이 더 효율적인 것 같아요.

독해는 문장을 어설프게 해석하고 넘어가지 말고 우리가 한글로 소설 보듯이 이해될 때까지 정확히 독해를 하는 것이 중요해요. 그래서 혼자 하는 것 보다는 혼자 노력한 뒤에 막히는 부분은 선생님에게 도움을 요청하는 것이 훨씬 효율이 좋아요. 그렇게 독해 실력이 늘면 문제 푸는 요령도 필요 없어요. 기본적으로 읽는 속도가 빠르고 해석이 잘 되니까 전체 지문을 다 살펴봐도 시간이 남거든요.

그리고 제가 수능 볼 때는 EBS가 아주 중요했거든요. 6월, 9월 모의고사에 EBS 문제집과 완전 똑같은 지문이 나오기도 했어요. 그래서 EBS문제를 아예 외울 정도로 계속 보고 풀었어요.

사탐은 저는 인터넷 강의를 활용했어요.

인기있고 그런 선생님보다는 나한테 맞고 개념을 정공법으로 설명해주는 선생님을 찾아서 한번 정도 들으면 맥이 잡히는 것 같아요. 저는 처음에 엄청 인기 강사한테 수업을 들었는데 점수가 잘 안 나와서 다른 선생님 강의로 갈아 탔어요. 그렇게 강의 한번 다 듣고 나니까 점수가 꾸준히 나오더라고요. 개인적으로는 부족했던 과목 2개를 먼저 정해서 여름까지는 먼저 그 과목에 집중하고 조금 자신있는 과목을 여름부터 점검했어요.

6. 공부 계획은 어떻게 세웠는지? 또 수능 앞두고는 어떻게 세웠는지?

저는 공부하기 전에 계획부터 철저히 세우고 하는 스타일이었어요. 공부를 잘하는 사람들도 계획을 세우는 방법이 다 다른걸 봐서는 이 것 역시 자신만의 스타일이 다 있는 것 같아요.

저는 먼저 한달마다 목표를 세웠어요. 중점적으로 공부할 과목과 각 과목당 어느 정도까지 공부할 것인가를 대략적으로 세운 뒤에는 일주일 분량으로 그 목표를 쪼개서 조금 더 세분화시켰어요. 그리고 는 하루 목표를 짜서 정말로 달성 가능한 목표로 나눴어요. 하루 계획 은 아침에 공부하기 전이나, 여유가 있을 때는 전날 밤에 미리 세웠고 요.

공부는 일단 아침에는 언어 영역을 했어요.

저 같은 경우는 저녁에는 언어 지문이 머릿 속에 들어오지 않더라 고요. 이후 시간에는 조금씩 변동을 줘서 제가 목표로 했던 분량을 맞출 수 있게 조금씩 융통성 있게 과목 별 공부를 했고요. 특히 어떤 과목에 집중하기 보다는 모든 과목을 매일 공부했고, 대신 공부하는 시간의 비율을 조절해서 중요도를 조절했어요. 사탐 같은 경우에는 하루에 네 과목을 다 보지 않고, 하루에 한 과목씩만 넣었어요.

그리고 수능 전에는 정말 정신이 없어요.

한달 정도 남았을 때는 진짜 카운트다운이 시작되는 느낌인데... 아무리 공부해도 머릿속에 들어오질 않아요. 그래도 가장 중요한 것은 페이스를 잃지 말고 너무 암울한 생각은 하지 말고 평소에 하던 대로 똑같이 하면 되는 것 같아요.

수능이 다가올수록 점점 기출 문제 위주로 풀이 패턴을 바꿔야되요. 그리고 뭐 오답노트나 제가 아까 말한 개념 정리 같은 노트를 보면서 약한 부분을 다시 한번 정리해야죠.

그리고 약 2주 남았을 때부터는 공부 시간과 식사시간까지도 실제 수능 패턴으로 바꿔서 생활했어요.

7. 비전이 무엇인지?

제 삶의 목표는 많은 사람을 도우면서 사는 거예요.

많은 사람들이 필요로 하는 도움을 주는 삶을 살고 싶어요. 갑자기 이 목표를 갖게 된 계기가 있다기보다는 살아오면서 자연스럽게 자리를 잡게 되었어요.

제가 바라본 사회는 정말 남을 위해서 헌신하고 노력해야 하는 사람들이 오히려 자기 밥그릇 챙기고 욕심만 부리는 사회였어요. 정치적인 부분 뿐 아니라 행정적인 부분까지 도요. 그래서 제가 명문대를 목표로 하고, 행정학과를 1차 목표로 했던 것은 많은 사람들에게 좋은 영향을 줄 수 있는 정책, 사회적 약자들을 더욱 배려하는 정책을 만들고 펼치기 위해서였어요. 물론 점수 때문에 2차 지망인 역사학과로 가게 됐지만, 역사를 바르게 공부해서 역사의식을 올바르게 세운다면, 제 비전인 효율적인 정책 수립에 정말 도움이 된다는 생각을 가지고 있어요. 우리나라 뿐 아니라 옛날, 근대 시대에 수립되었던 정책들을 검토하고 또 비교도 할 수 있으니까요.

그래서 제가 지망한 과는 가지 못했지만 저의 비전은 여전히 변함이 없어요. 과거에 있었던 일들과 현재에 일어나고 있는 일들을 잘 접목시켜서 많은 사람들에게 도움이 되는 정책을 꼭 만들어 보고 싶어요. 물론 기본적인 전제는 이미 깔려있죠. '하나님의 영광을 위해서!'

저의 비전을 통해 사람들을 돕고 또한 하나님의 사랑도 더욱 널리 알릴 수 있었으면 좋겠어요.

8. 가장 의지했던 찬양이나 성경구절은?

　찬양과 말씀은 제 힘든 수험 생활에 가장 큰 위로를 주는 오아시스였어요.

　평소에는 특히나 찬양이 정말로 큰 위로가 되었는데, 어떤 한 찬양이 딱 다가오기 보다는 신기하게도 하나님이 그때그때 맞는 고백의 찬양을 주시더라고요. 아침에 공부하러 갈 때나 밤에 집에 올 때 마음 속에 떠오르는 찬양들이 있어서 혼자 부르면서 다니기도 했는데, 신기하게도 부르고 나면 그 찬양들이 그때 당시 저의 힘든 상황에 딱 위로가 되는 곡이었어요.

　성경 구절은 이사야 41장 10절 말씀이요.

　'두려워 하지 말라 내가 너와 함께 함이라 놀라지 말라 나는 네 하나님이 됨이라 내가 너를 굳세게 하리라 참으로 너를 도와 주리라 참으로 나의 의로운 오른손으로 너를 붙들리라'

　저는 수험 생활의 처음부터 끝까지 이 말씀을 붙들었어요. 10월 달까지 버티면서 꾸준히 공부할 수 있었던 것은 이 말씀이 있었기 때문이에요.

그리고 송구영신 예배 때 뽑은 말씀카드도 큰 위로가 되었어요.

시편 68장 3절 말씀인데요.

'의인은 기뻐하여 하나님 앞에서 뛰놀며 기뻐하고 즐거워할지어다'

다른 사람은 이 말씀을 뽑은 저를 보고, '재수생이 뛰놀고 기뻐할 일이 뭐가 있겠니, 너 대학간다는 소리야' 라고 격려해주셨는데요. 저는 오히려 '의인' 이라는 단어에 초점이 맞춰지더라고요. '내가 의인이 된다면, 하나님 앞에 바로 선다면 나머지는 하나님이 알아서 해주신다. 그래서 내가 기뻐하며 뛰놀며 즐거워하게 될 것이다' 라는 믿음이 있었어요. 그래서 공부도 열심히 하려고 노력했지만 제 신앙과 하나님을 향한 마음도 바로 세우기 위해서 더 노력했던 것 같아요.

9. 입시 준비와 관련해서 해주고 싶은 조언이 있다면?

네, 일단 제가 조금 특별한 위치에 있었잖아요?

재수 경험이 있고, 그리고 수시로 대학을 들어갔으니까요. 그런데 수시를 준비하는 학생들에게도 정시가 중요하다는 것을 먼저 말해주고 싶어요. 수시를 아무리 잘 봐도 보통은 최저 등급이라는 게 있어서 정시가 어느 정도 나오지 않으면 아무 소용이 없어요. 반대로 정시에 비중을 두는 학생들도 최소한 고3의 내신 정도는 신경을 써야 되요. 이때 내신이 엄청 비중이 크거든요. 그래서 기본적으로 평균 이상의 정시 성적과 고3 내신 정도는 기본으로 해놓고 무슨 전략을 짜야 소용이 있다고 생각해요.

입시 설명회나 이런저런 입학 전략들은 그 다음에 소용이 있는 거예요. 그리고 지금 입시를 준비하는 학생들은 입학사정관제에 대해서도 한번쯤은 알아봤으면 좋겠어요. 대학을 특기로 가는 것과 비슷한 개념인데 앞으로 이런 비중이 점점 늘어난다고 해서요.

그리고 간단하게 제가 논술을 준비한 방법을 말씀드릴게요.

저는 논술은 4,5개월 정도 준비했는데요. 일단은 목표 학교를 먼저 정하고, 그 학교에 맞춰서 논술을 준비했어요. 논술 학원은 주말에 다녔고요, 일주일에 꼭 한 번은 논술을 써봤어요. 학원에서 배운 것은 그날 바로 복습했고요. 논술도 한번에 몰아서 하는 것보다는 정확히 방향을 정해놓고 꾸준히 하는 것이 가장 좋은 방법인 것 같아요.

그리고 문제 풀이든 논술이든 꼭 복습을 철저히 하세요.

저도 복습에 신경 쓴다고 썼는데 돌아보면 그래도 더 꼼꼼히 하지 못했던 게 사실 아쉬워요. 시간 아껴서 한문제 더 푼다고 해도 사실 별로 효과 없거든요. 시간 아껴서 한두 문제 더 풀기 전에 이미 풀었던 문제를 이해하려고 노력하는 것이 중요해요.

10. 신앙과 공부를 놓고 갈등하는 부모님과 학생들에게 해주고 싶은 말은?

먼저 학생들에게 말해주고 싶은 건요. 제가 수능 한 달 전까지 성적이 조금도 오르지 않았는데도 버틸 수 있었던 것은 순전히 신앙의 힘이었다고 말씀드리고 싶어요. 그리고 신앙은 우리가 반드시 지켜야 하는 것이고 우리의 목표가 되어야 하는 것이지, 하나님과 거래를 하거나 다른 것을 위해 제쳐 놀 수 있는 것이 아니라고 생각해요. 우리는 할 수 없어도 하나님은 할 수 있다는 생각을 반드시 마음에 가지고 절대로 어떤 상황에서도 포기만 않는다면 하나님이 비전도 주시고 또한 좋은 길로 인도해주실 것이라고 믿어요.

부모님들에게는 꼭 학생들의 공부보다도 신앙을 먼저 챙겨주시라고 말씀드리고 싶어요.

그리고 저의 경우처럼 점수가 갑자기 오를 수도 있으니까, 자녀들이 선택한 공부 방법과 신앙적인 결정에 대해서 지지해주고 기다려주시는 현명함을 부탁드리고 싶네요. 공부 잘해서 사회적으로 성공하는 것도 중요하지만 공부보다 훨씬 중요한 가치가 있는 신앙을 먼저 생각할 때 나머지도 자연스레 풀린다는 것을 자녀분들에게 가르쳐 주셨으면 좋겠어요. 그리고 너무 계속해서 공부를 강조하는 것 보다는 쉴 땐

쉬고 집중할 때 확실히 집중할 수 있게 인도해주시는 것이 더욱 자녀들에게 도움이 될 것 같아요.

그리고 가장 중요한 것은 교회와 신앙이 절대로 공부를 위한 수단이 되어서는 안 된다는 것도요.

연세대학교 1학년

이 상 명

학교 수업만 잘 활용해도
수능준비 반은 끝납니다

내신과 수능이라는 두 마리 토끼를 잡기 위해선 수업 시간을 잘 활용하는 것이 정말로 중요합니다. 수업시간을 내 맘대로 사용하는 것이 아니라 계획을 세워 잘 활용하면 내신도 올리고 수능도 대비할 수 있습니다. 소홀히 해도 되는 수업은 없다는 사실을 잊지 마세요.

1. 지금 학교를 선택하게 된 특별한 계기가 있나요?

저는 원래 명문대에 갈 수 있는 성적이 아니었어요.

중학교 때만 해도 공부를 엄청 못했고, 고등학교 가서도 그렇게 점수를 높게 받아 본 적은 없어요. 중 2때 반에서 16등을 했어요. 딱 중간이었죠. 아마 이제 차차 말씀드리겠지만, 저는 거의 신앙 때문에 좋은 점수를 받고 좋은 대학을 가게 된 사람이에요. 그래서 처음 수능 점수와는 비교도 안 될 정도로 높은 점수를 받았어요. 최종 수능에서 총 4문제를 틀렸는데요. 그 점수면 사실 서울대나 연세대의 더 좋은 과도 갈 수 있었어요.

그런데 제가 고등학교 생활 때 신앙생활을 하면서 역사에 대한 비전이 생겼어요. 제가 지방에서 살다가 올라왔는데 가정 형편도 유복한 편이 아니었어요. 그래서 고1 때는 공부를 잘해서 꼭 경제학과를 가야겠다고 마음을 먹었어요. 그쪽이 아무래도 금융권에 가기도 쉽고, 돈도 잘 벌고 취직도 쉽게 된다고 생각했거든요.

그런데 교회에 다니면서 이런 비전이 바뀌기 시작했어요. 그래서 저를 위한 인생에서 남을 위한 인생을 꿈꾸게 되었고 그 결과 역사학과로 진로를 결정했어요. 돈을 위해 사는 삶이 아니라 진짜 하고 싶은 일을 찾게 된거죠. 그래서 저에게는 교회란 곳이 참 감사한 곳이에요. 제가 아마 고1 때의 비전을 바탕으로 노력을 했다면 아마 연세대 문턱도 못 밟아봤을 거예요.

2. 수험 생활에 특별히 도움을 주셨던 분이 있나요?

고3때 직접적인 도움을 주셨던 분은 아닌데요. 제 전반적인 학창 시절과 공부뿐 아니라 신앙관에까지도 큰 도움을 주셨던 선생님이 한 분 계셨어요.

중학교 때 저희 집 가정상황이 별로 좋지 않았어요. 부모님간의 불화가 있으셨거든요. 그래서 저는 사랑을 많이 못 받고 자랐어요. 이런 걸 잘 이겨내는 분들도 계시지만, 저는 받은 사랑이 부족하다는 느낌 때문에 항상 많이 힘들었어요. 그때 당시에 교회에서 저에게 많은 관심을 가져줘서 큰 도움이 됐어요.

그리고 특별히 저에게 많은 관심과 사랑으로 도움을 주셨던 선생님이 계셨어요. 당시에 제가 부모님으로부터 받지 못했던 사랑을 거의 그 선생님으로부터 받았던 것 같아요. 정말 세상에서 가장 크게 의지가 되던 분이었어요.

그 선생님이 저에게 늘 공부의 중요성을 강조하셨어요. 자신이 학창 시절에 공부를 소홀히 한 것이 지금 너무 큰 후회가 된다고 저는 그렇게 살지 말라고 말씀하셨어요. 제가 그 선생님 말씀을 듣고 나서부터 공부를 열심히 하기 시작했어요. 그래서 중3 때는 성적이 많이 올라서 거의 우등생 취급을 받았어요.

하지만 안타깝게도 중3 겨울 방학 때 그 선생님이 돌아가셨어요. 마음과 몸이 너무 힘들어서 영적으로도 방황을 많이 했었어요. 그때 그 선생님이 안 계셨더라면 저는 지금 연세대가 아니라 어떤 대학도 가지 못했을지도 몰라요. 그래서 비록 중학교 때 잠깐이었지만, 그 선생님이 저의 학창 시절을 통틀어 수험생활까지 가장 큰 도움을 주셨던 분인 것 같아요.

3. 고등학교 때 전반적인 신앙생활은 어땠나요? 또 고3 때의 신앙은 어떤 영향을 미쳤는지?

방금 말씀드렸듯이, 저를 아주 아껴주셨던 선생님이 돌아가신 뒤에 제가 많이 방황을 했어요.

선생님 말씀을 기억하면서 공부는 고등학교 때도 열심히 했지만, 신앙적으로는 점점 멀어지고 있었어요. 고등학교 1, 2학년 때는 정말 교회에 의무감만 가지고 들렀다 오는 정도였어요. 가끔씩 주위의 친구들이 저보고 교회에 왜 가냐고 물어보는데 대답할 말이 없어서 '그냥, 사람들 만나러' 라고 대답하곤 했으니까요. 그런데 아닌 게 아니라 정말 제가 생각해도 지금까지 왜 교회를 나갔는지, 지금은 왜 나가고 있는지 모르겠는 거예요.

그러다 우연한 계기에 친한 친구들과 여름 수련회를 참석하게 되었는데요. 그 때 다 같이 변화받고 믿음에 대한 확신이 생겼었어요. 또 저 혼자가 아니라 친구들과 함께 하니까 더욱 힘이 나더라고요. 이후에는 학생부 회장도 맡으면서 교회에 완전히 올인했어요. 학교에서 논술 특강 같은 것도 하고 그랬는데, 교회 가야 된다고 빠지고 막 가고 그랬어요.

그런데 고2가 거의 끝날 무렵에 한 번의 위기가 더 찾아왔어요. 공부에 대한 심적 부담이 너무나 커지고 개인적으로 힘든 일들이 너무 겹치기 시작했어요. 그 다음부터는 교회에 나가는 게 너무나 힘들게 느껴졌어요. 대부분의 크리스천 고3들이 같은 생각을 하잖아요?

'대학 잘 간 다음에 교회 열심히 나가지 뭐'

제가 바로 그런 상태였어요, 당시에는 공부에 대한 부담과 입시에 대한 압박으로 교회를 도저히 나갈 수가 없는 상태였어요. 그리고 지방에서는 공부를 아주 심하게 시키는 편이라서 주일날에도 아침부터 학교에 와서 공부를 했거든요. 그래서 그런 상황들에 대한 불안한 감정들이 복합적으로 적용된 것 같아요.

그런데 이상하게도 교회를 안 나가니까 마음이 더 힘든 거예요. 학교에서 하루 종일 성적 얘기 밖에 안 해요.

'누구는 몇 등급이다'

'누구는 몇 점을 받았다'

'누구는 어디 대학 붙었다더라'

점수와 대학으로 모든 것이 설명되는 완전 살벌한 세계였어요. 가뜩이나 사랑이 부족해서 힘들었었던 저였기 때문에 그런 상황 속에 있게 되자 도저히 숨을 쉴 수가 없었어요.

그렇게 3주를 보내고 도저히 안 되겠다 싶어서 4번 째 주에 교회를 나갔어요. 당시에 저희 학교가 기독교인 애들은 한 달에 딱 한 번만 교회 갈 수 있게 허락을 해줬거든요. 나머지 3주는 못가고 학교 와서 공부하게 했고요. 그렇게 한 달 만에 교회를 갔는데요. 와, 진짜 교회가 너무 좋은 거예요. 마음도 안정이 되고, 진짜 말로는 설명할 수 없을 정도로 너무나 벅찬 행복이 마음속에 가득했어요. 주님이 언제나 저와 함께 한다는 사실을 그 때 느끼고, 세상에서 가장 중요한 것이 무엇인지 그때 깨닫게 되었어요.

그리고 다음 날 학교에 가서 다음 주부터 매주 교회에 나가겠다고 담임선생님한테 말씀드렸어요. 그런데 선생님이 거세게 반대를 하시더라고요. 제가 당시에 반에서 1,2등을 했는데, 저희 학교 수준으로는 반에서 1등을 해도 서울에 있는 상위권 대학에 가기가 살짝 힘들었기 때문에 더욱 공부에 정진하기를 바라셨던 거죠. 그런데 이미 신앙생활의 소중함을 제가 알아버렸기 때문에 그냥 바득바득 우겨서 허락을 받아냈어요. 그러고도 교회에 있는 게 너무 좋아서, 예배가 다 끝나도 학교로 가지 않고 일부러 시간도 끌고 그랬어요.

그리고 고3 여름수련회 때도 무슨 일이 있어도 가겠다고 했어요. 하나님을 정말로 체험하고 돌아오고 싶었거든요. 그때는 학교 전체에 비상이 걸려서 담임선생님뿐 아니라 모든 선생님들이 다 저를 말리러 오셨어요. 나중에는 심지어 '수련회를 가면 특별반에서 자르겠다' 라고까지 말씀하셨어요. 그러나 저는 공부보다도 당시에는 신앙이 더욱 중요했기 때문에 '그건 어떻게 되도 상관없으니 저는 수련회를 갔다 오겠다' 고 한 뒤에 갔어요. 그렇게 제가 수련회 가서 하나님을 인격적으로 체험하는 은혜를 받았어요. 그리고 갔다 와서 또 더 열심히 공부를 했죠. 그때 저의 비전이 생겼기 때문에 공부에 대한 확실한 목표가 있었어요.

한 번 생각을 해보세요.

인생은 흔히들 마라톤이라고 하잖아요. 결승점을 알고 뛰는 사람이랑 무작정 열심히 뛰는 사람이랑 비교하면 결국엔 누가 이기겠어요? 수험생 10명을 붙잡고 '너 공부 왜 열심히 해야 되니?' 라고 물어보세요. 아무도 확실하게 대답을 못할 걸요? 그런데 저는 공부는 조금 덜 했지만 신앙을 통해 확실한 목표가 생긴 거예요. 게다가 마음의 위로까지 받았고요. 교회 갈 시간에 공부 더 열심히 해서 더 나은 대학을 갈 수 있을지도 몰라요. 하지만 공부할 시간에 교회를 가면 더 나은 인생을 살 수 있다는 것이 제 생각이에요.

저는 고3 기간 동안 한 번도 신앙과 공부를 떨어뜨려서 생각해본 적이 없어요. 공부 시간 전에는 반드시 성경 읽고 기도하면서 하나님의 인도하심을 따를 수 있게 해달라고 기도했어요. 명문대를 위해서 기도 하지도 않았어요. 뚜렷한 삶의 목표가 세워졌던 저한테 그런 것은 이제는 더 이상 중요한 것이 아니었어요.

그런데 정말 재밌는 건 여기부터예요.

그렇게 제가 수능을 보고 채점을 해봤는데, 정말 난생 처음 받아보는 점수가 나온 거예요. 그런데 좋은 점수 받고 좋은 대학 간 것보다 더 기분 좋았던 것은 선생님들에게 더 당당하게 제 신앙을 보여줄 수 있었다는 사실이에요. 제가 선생님들 말씀 안 듣고 교회가고 공부 덜 하고 그러면 당연히 안 좋은 대학을 가야 되는데 수능이 만점에 가깝게 나왔잖아요. 그래서 아마 제 생각에는 선생님들도 저와 같이 신앙 생활 열심히 하는 고3 들에 대한 생각이 많이 바뀌셨을 것이라고 생각해요.

신앙은 감히 공부와 비견할 수 있는 그런 대상이 아니에요. 미래를 봤을 때 우리가 투자할 수 있는 가장 효율적인 방법이 신앙이라고 생각해요. 성경적 가치관과 하나님을 향한 긍정의 마음이 가장 중요해요. 제 신앙 이야기를 통해서 학교와 가정에서 압박을 많이 받는 학생들이 조금이라도 힘을 얻었으면 좋겠어요.

4. 과목별로 공부는 어떤 방식으로 했나요?

언어 영역부터 말씀드리면 '언어의 기술'이라는 책을 통해 많은 도움을 받았어요.

일단 그 책을 꼭 한번은 읽어보시기를 권해요. 그리고 전반적으로 언어영역에서 가장 중요한 것은 사고, 즉 생각하는 능력인 것 같아요. 언어 문제를 풀다가 틀리면 내가 왜 이런 방식으로 생각을 했는지를 잘 생각해 봐야 돼요. 사실 사람의 생각이란 게 다 다른 거지만 그래도 일단 점수가 나오려면 당장은 답안지에 맞춰야 되니까요. 보통은 이걸 두고 감이라고 말씀하시는 분들도 있는데 저는 사고 과정이라고 표현할게요. 이 사고 과정이 문제를 내는 출제자와 같아지게 되면 모든 문제들을 맞출 수도 있는 거죠.

그리고 너무 언어 영역 문제집을 여러 권 풀지 마세요. 신뢰할 수 있는 문제집을 사서 여러 번 푸는 것이 좋아요. 잘못된 문제집과 사고 과정을 일치시키다 보면 정작 중요한 수능이나 모의고사에서는 점수가 안 나올 수도 있어요. 저도 이런 신뢰할 수 있는 책을 몇권 골라서 한 권당 4, 5번씩은 기본으로 풀었어요.

수리 영역은 인터넷 강의를 주로 활용했어요.

인강도 여러 개 보지 않고 딱 한 선생님만 정해놓고 그분 강의만 자주 봤어요. 그리고 복습을 아주 중요하게 여겼어요. 어느 정도였냐면 수업 시간이 끝날 때마다 복습을 했어요. 책을 볼 시간이 없으면 머릿속으로라도 정리를 반드시 했고요. 그날 복습한 내용들을 다음날 또 복습했어요. 그리고 주말에는 한 번에 몰아서 그 주에 공부했던 것 다 복습했고요. 한 달을 주기로 또 그 달에 공부했던 것을 다 복습했어요. 거의 무한 복습이라고도 할 수 있는데요. 이렇게 복습을 하면 정말 중요한 것이나 틀린 문제들을 잊으려고 해도 잊을 수가 없어요.

그리고 복습을 편하게 하기 위해서 오답노트도 만들었어요. 그리고 그 노트에다가 문제별로 포스트잇을 붙여서 제가 놓친 것과 중요하게 여겨야 되는 것, 느낌 점 등을 상세하게 적어서 수시로 다시 봤어요. 제 생각에 수학은 복습이 가장 중요한 것 같아요,

사탐은 제가 원래 인문학이나 철학을 좋아했어요.

그래서 윤리를 선택했는데, 윤리라는게 말과 개념이 아주 어려워서 한번 봐서 이해하기가 쉽지 않아요. 그래서 철학자 별로 사상을 정리해서 그 철학자 이름을 딱 대면 그에 대한 것이 주루룩 나올 때까지

열심히 반복해서 봤고요. 역사도 주요 사건이나 단어별로 개념을 정리해서 머릿속에 들어올 때까지 반복했어요.

대충 아는 것이 아니라 그 부분에 대해서 아주 상세한 것까지 바로 말할 수 있을 정도로 디테일하게 익혔어요. 고등학교 때 제 시탐 등수가 전교에서 108등이었어요. 그런데 이런 식으로 개념을 세분화해서 반복해서 외우니까 등수가 일관되게 점점 올라가더라고요. 특히 저는 수업시간에도 잠을 자지 않고 집중해서 수업을 들었어요.

외국어도 반복이 중요해요. 말하다 보니까 저는 정말 복습을 통해서 모든 영역을 공부했던 것 같아요. 아침부터 영어 단어를 외우기 시작했는데, 보통은 단어를 쓰면서 외우잖아요? 저는 어차피 수능 때도 눈으로만 보면서 풀어야 되니까 쓰지는 않고 그냥 눈으로만 쭉 보면서 익혔어요. 대신에 될 수 있는 대로 자주 봤어요. 고1 때부터 습관이 돼서 고3때도 자연스럽게 항상 단어들을 가지고 다니면서 틈만 나면 봤어요.

영어도 인터넷 강의를 활용했는데요. 제가 있는 곳이 지방이어서 교육 시스템이 좋지 않았어요. 학교 선생님들도 물론 잘 가르쳐주시지만 혼자서 공부하거나 따로 부족한 부분을 공부하고 싶을 때는 그때마다 찾아가기가 쉽지 않잖아요. 좋은 강의를 제 시간에 맞춰서 저렴한 가격에 볼 수 있다는 것이 굉장히 좋더라고요. 인터넷 강의도 딱 한 선생님을 신중하게 골라서 그 선생님의 강의를 쭉 보면서 완전 그 선생님처럼 생각하고 문제를 접근할 수 있게 하려고 노력했어요.

저희 학교 시간표는 아침 6시부터 시작돼요.

그렇게 저녁 6시까지는 계속 학교에서 수업을 받았어요. 하지만 내신에 들어가는 과목이 아니면 수업을 잘 안 들었어요. 보통 좋은 대학 간 사람들 인터뷰 보면 학교 수업에 충실하고, 교과서 위주로 공부했다고 하잖아요? 그런데 저희 학교는 지방이라서 학교 수업의 질이 그렇게 좋은 편이 아니어서 그런 경우가 생기기는 조금 힘들어요.

그리고 오후 7시부터는 야자를 했는데, 8시 50분까지는 수학을 공부했어요. 1시간 30분 정도 인강을 듣고, 복습을 한 뒤에 10분 정도 쉬었어요.

그리고 9시부터 10시는 언어나 영어 중에 한 과목을 공부하고 10시부터 11시 까지 또 언어나 영어 중에 한 과목을 공부했어요.

11시부터 12시까지는 사탐을 봤어요.

수면 시간은 최대로 확보하려고 노력했는데 평균 5시간 정도 잤어요. 대신에 수업시간에는 절대로 자지 않으려고 했어요. 무슨 수를 써서라도 깨있었죠. 잠이라는 게 자려고 하면 더 오는 것 같아서 조절을 해줘야 되요.

그리고 제가 저희 학교 수업의 질이 별로 좋지 않다라고 말씀드렸는데요. 그렇다고 하더라도 수능과 조금이라도 관련이 되어 있는 시간에 자는 것은 좋지 않아요. 선생님들, 특히 고3을 맡고 계신 선생님들은 다들 일선에서 경력이 오래 되시고 자기만의 노하우를 가지고 계신 분들이라 반드시 도움이 되는 부분이 있거든요.

정 피곤해서 졸음을 못 참겠으면 쉬는 시간에 잠깐 눈을 붙이세요. 저도 그게 습관이 돼서 지금도 책상에서 자면 10분이면 잠에서 깨요. 아, 그리고 공부에 대한 조언을 한 가지 더 드리자면 목차를 먼저 꼭 보세요. 목차를 잘 보면 앞으로 공부할 내용이 미리 정리가 돼서 받아들이기가 더 편해요.

그리고 스트레스 극복 방법은요. 음, 아까도 말씀드렸다시피 제가 마음이 좀 약하고 받은 사랑이 부족한 편이라서 굉장히 정신이나 마음이 민감했거든요.

저는 의지할 곳이 너무 간절히 필요했어요. 그래서 인간적인 상담도 많이 받아보고 했는데요. 아무래도 한계가 있더라고요. 교회가 저의 고3 생활에 얼마나 도움이 되었는지는 이미 말씀드렸으니까 그냥 넘어갈게요.

대신에 평일에 스트레스를 너무 받을 때가 있었어요. 그럴 때는 참을 수 있는 데까지 참아보고 정말 스트레스 때문에 공부를 못하겠다는 생각이 들었을 때 그냥 하루 종일 놀아버렸어요.

근데 이건 조심해야 되요. 저는 놀 때는 놀고 공부할 때는 공부하는 게 가능한 성격이었거든요. 놀면서 공부 생각안했고, 공부하면서 노는 생각 때문에 방해를 받지 않았어요. 물론 미련이 살짝 생기긴 했지만 그래도 저에게는 하루 야자 빠지고 쉬는 시간이 다음날부터 다시 공부에 집중할 수 있는 좋은 작용을 했어요. 그런데 만약에 놀면서 공부 생각나서 제대로 못 놀고, 또 다음날 공부하면서는 놀았던 기억 때문에 고생하는 분들은 그냥 제가 그렇게 했다고 해서 따라하시면 안되고 무조건 참으면서 공부하셔야 되요.

6. 지금 하는 공부를 통해 하고 싶은 일이 무엇인가요?

제가 처음에 학교를 선택한 이유를 말씀드리면서 역사학과를 통한 비전이 있었다고 말씀드렸잖아요?

그 비전에 대해서 더 구체적으로 말씀드려볼게요. 제가 어려서부터 역사에 관련된 분야를 매우 좋아해서 책이나 다큐멘터리를 많이 봤거든요.

한번은 창조론과 진화론에 대한 다큐멘터리를 보게 됐어요. 그 방송에서 에덴동산이 이라크 중동 쪽에 있을 것이라고 말을 하더라고요. 그러면서 진화론에 대해서 설명을 하는데 창조론을 그냥 신화 취급을 해버리고 진화론은 엄청 과학적인 것처럼 이야기를 하더라고요.

진화론도 아직 발전 중인 학문이고, 정답이 아닌데 과학계와 역사학계들이 모두 진화론을 기정사실로 받아들인다는 것이 너무 화가 났어요. 세계적으로 보면 교과서에도 대부분 창조론과 진화론에 대해서 함께 설명하고 있거든요. 아직은 어느 쪽도 정답이라고 답을 내릴 수 없으니까요.

저는 창조론이 역사와 관계가 깊다고 생각해요. 그래서 제가 중동의 역사를 열심히 연구해서 노아의 홍수나 아브라함의 존재, 모세의 여정과 같은 것들을 반박의 여지가 없을 정도로 증명해 보고 싶어요. 창조론을 역사적 사실로 부인할 수 없게 만드는 것이 저의 **첫 번째** 비전이에요.

두 번째는 유네스코에 들어가서 아프리카 사람들을 위해 일을 하는 거예요.

아프리카 사람들은 자신들의 역사에 대해서 잘 몰라요. 그래서 아프리카 사람들에게 자신들의 역사를 가르치며 아프리카가 얼마나 유구한 역사 속에서 이어져왔는지 알려주며 자긍심을 키워주고 싶어요.

지금 아프리카를 보면 완전 도움이 필요한 나라로 사람들이 불쌍하게만 여기잖아요. 그래서 외적인 도움 못지않게 내적인 긍지를 키워주는 도움을 주고 싶어요. 물론 선교도 함께 해야지요. 그래서 아프리카 사람들과 친해지기 위해서 지금 젬베도 배우고 있어요. 제가 30대가 되었을 때 조금 더 구체적으로 실천해보고 싶어요.

그리고 마지막 **세 번째**는 이런 연구 결과와 체험들을 토대로 교수로 일하면서 신앙과 학문이 균형 잡힌 학생들을 키워내며 헌신하고 싶어요.

7. 수능을 준비하는 학생들에게 해주고 싶은 말이 있다면?

청소년 때가 정말 중요한 시기잖아요.

저도 이제 막 그때를 벗어나 성인이 되었지만, 정말로 중요한 때라는 생각이 들어요. 그래서 저는 오히려 청소년 때에 공부보다도 신앙에 더욱 신경을 썼으면 좋겠어요. 공부를 소홀히 하라는 말이 아니라 신앙을 포기하면서까지 공부에 힘을 쏟지 말라는 말이에요.

청소년 때의 믿음이 잘 자라면 앞으로도 흔들리지 않아요. 청소년 때 적당히 타협해서 신앙을 뒷전으로 놓고 다른 일들을 우선순위로 놓는다면 앞으로 무슨 중요한 일이 생길 때마다 같은 행동을 하지 않는다는 보장이 없잖아요? 그래서 저도 공부에 대한 후회보다는 신앙생활을 더 열심히 하지 못한 것에 대한 후회가 들어요. 세상 사람들이 말하는 성공이 바른 길이 아니라 예수님이 말씀하시고 성경이 가르치는 그 길이 인생의 정답이라는 사실이라는 믿음이 있거든요.

그리고 제가 자신 있게 말씀드릴 수 있는 것은 신앙생활 때문에 공부 조금 못한다고 절대로 더 나쁜 결과가 오지는 않아요. 그래서 혹시라도 제가 고3 초반에 마음먹었던 것처럼 교회 나가지 않고 그 시간에 학원을 가거나 학교에서 공부를 하려고 마음먹었던 친구들은 제 경험을 통해 다시 한번 생각해봤으면 좋겠어요.

그리고 저의 가정사처럼 공부 외적인 일들로 힘든 일이 있을 수도 있어요. 그러나 그런 환경에 마음까지 연약했던 제가 신앙으로 이겨냈듯이 꼭 한번 믿음으로 그런 난관들에 도전해보라고 말씀드리고 싶어요. 성령의 불씨가 마음에 남아 있다면 절대로 꺼지지 않고 언젠가는 다시 활활 타오르게 될 거예요.

8. 신앙과 공부로 갈등하는 고3 부모님께

제가 하고 싶은 말은 단 한가지 신앙과 공부는 서로 대립적인 것이 아니라 함께 가고 시너지 효과를 낼 수 있다는 것이에요. 교회 예배 몇 시간이 그 시간에 공부하는 것보다는 몇 십 배의 효과를 가지고 있다는 것을 말씀드리고 싶어요. 교회에서는 학교 학원이 가르치지 않는 하나님의 말씀을 가르치고 비전을 심어주고 사랑을 주고. 이것이

장차 자녀들에게는 몇 시간 공부보다는 미래를 위하여 보면 더 소중한 시간이라고 저는 생각해요

비록 대입에 실패할지라도 신앙이 없는 사람은 세상이 주는 목표에 따라 살아가지만 크리스쳔들은 하나님이 주신 목표에 따라 좌절하지 않고 배우며 하나님이 원하시고 내가 원하는 목표에 따라 넓게 사고하며 나아가게 돼요. 지금 이 시기에 자녀분에게 더욱 중요한 것이 무엇인지 기억하시고 너무 두려워하지 마세요. 그리고 자녀를 향한 하나님의 놀라운 계획을 잊지 마세요.

이화여자대학교 1학년

정 민 지

마음 관리를 잘하세요

성적이 안 올라 걱정이 되면, 먼저 믿음의 상태를 되돌아보세요. 믿음의 문제를 해결하고 나면 성적이 오르는 데 필요한 모든 일들이 저절로 풀리거든요. 제가 이렇게 자신있게 말할 수 있는 건 공부 때문에 교회 안가겠다고 부모님께 조른 사람이 바로 저였기 때문이에요. 그러나 믿음이 있어야 정말로 의미있는 성적이 오르게 되요.

저는 처음부터 사범대의 교육학과 쪽으로 가고자 하는 마음이 있었어요.

그리고 수능도 거기에 맞춰서 준비를 했고요. 단지 이제 과는 확실한데 학교를 고르는 것에 조금 갈등이 있었죠. 수시 때 지금 다니던 이대 교육학과를 지원했는데 떨어졌어요. 그래서 정시를 지원하려고 알아봤는데, 제 성적을 생각하면서 지원 학교를 찾아보니까 아무래도 이대와 한양대가 최선일 것 같았어요.

두 학교 모두 다 갈 수는 있을 성적이었는데, 곰곰이 각 학교의 장단점을 따져보고는 이대로 결정하고 정시로 합격했어요. 제가 적응을 더 잘하면서 저의 꿈을 펼칠 수 있는 것을 가장 중요하게 고려를 했는데요. 선택과정에서 특히나 부모님이 많은 도움을 주셨어요.

2. 학생 때의 신앙생활은 어땠는지 이야기해 주세요

저희 아버님이 목사님이시고, 또 개척교회에서 목회를 하셨어요.

교회 건물이 따로 있지도 않고 가정교회 형식으로 목회를 하셨는데, 그러다보니까 저도 어려서부터 당연히 교회를 나가게 되었죠. 처음에는 믿음에 대한 의심도 없었고 그냥 너무나 자연스럽게 신앙생활을 열심히 하고 있었어요. 그런데 아무래도 고등학교 오면서 점점 중심이 공부 쪽으로 이동하게 되면서 신앙 쪽에 많이 소원해졌어요.

그렇다고 겉으로 보기에 문제가 있는 건 아니었어요. 교회에서 반주도 하고 학교에서 신앙에 대해서 숨기지도 않았고요. 하지만 공부를 해야 되는데 신앙 때문에 시간을 빼앗긴다는 느낌을 많이 받았어요. 고등학교 1학년 때는 제가 공부를 잘하는 편이 아니어서 여러모로 마음이 급했거든요. 제가 다니던 고등학교가 성적이 좋은 아이들이 많이 오는 곳이었어요. 저도 중학교 때는 공부 좀 한다고 했었는데, 고등학교 오니까 완전히 다른 세상이더라고요. 그런 환경 속에서 아무래도 좀 상위권의 대학을 목표로 세워서 마음이 많이 조급했던 것 같아요. 만약에 지금처럼 신앙이 확고했으면 신앙이 방해가 된다고 생각하지 않고 오히려 기도로 이겨냈을 거예요. 그런데 당시엔 아니었어요.

고등학교 1학년 때는 공부는 공부대로 안하고, 신앙생활은 껍데기만 남고, 스트레스는 스트레스대로 받고 정말로 최악의 시간을 보냈었어요. 그냥 흘러가는 대로 사는 불행한 인생이었죠. 그래도 제가 동아리 활동은 열심히 했었어요. 합창부였는데 연습이 정말 힘들었거든요. 하지만 주말에도 연습을 안 빠지고 나갈 정도였어요. 그런데 성적이 너무 안 나오니까 2학년 때에는 부모님이 동아리 활동을 못하게 하셨어요. 그래서 갈등이 조금씩 깊어지고 있었는데, 아버지가 허락을 해주시면서 대신 공부도 좀 신경을 썼으면 좋겠다고 회유를 해주셨어요. 그래서 1학년 마치고 겨울 방학 때 동아리 활동을 위해서 다시 공부를 열심히 하기 시작했죠.

그런데 수학이 너무 점수가 안 오르는 거예요. 차라리 열심하나 안했으면 모르겠는데, 그때 엄청 속상했어요. 그 문제로 인해서 부모님과도 많은 갈등이 있었는데, 너무 억울해서 방안에서 혼자 막 울면서 기도했어요. 기도라기보다는 거의 따지는 내용이었어요. 내가 이렇게 노력하고 지금까지 열심히 신앙생활도 했는데, 도대체 왜 아무런 도움도 주지 않냐고 엄청 화를 내면서 기도했어요. 어쩌면 제가 거기서 수학을 포기할 수도 있었어요. 그런데 오기가 생겨서 오히려 더욱 공부했어요. 그러면서도 계속 기도를 했어요. 뭐랄까 감사의 기도보다는 조금씩 투덜대는 기도였죠. 그런데 시간이 지나면서 점점 성적이 자리를 잡고 오르기 시작했어요. 그리고 어느새 제 기도도 감사로 바뀌기 시작했어요. 분명하진 않지만 어느 땐가부터 제가 기도하는 대로 이루어지고 있다는 확신이 들기 시작하더라고요.

처음엔 제가 신앙이 공부에 방해가 된다고 느꼈었다고 그랬잖아요?

그런데 이때의 경험을 통해서 하나님이 기도에 응답하시는 분이라는 것을 깨닫고, 또한 앞으로 이렇게 계속 기도하며 하나님을 의지하며 나아가야겠다는 생각을 했어요. 그런데 고3 때도 신앙에 대한 고민이 계속 이어졌어요. 공부와의 관계가 아닌 순수한 믿음에 대한 고민이었어요. 저는 어려서부터 계속 교회를 다녔기 때문에 저의 환경이 저를 이렇게 만든 거지, 저희 부모님처럼 어떤 강력한 체험을 통한 저의 선택이 아니라는 생각이 들었기 때문이에요. 아마 거의 고3이 끝날 무렵까지 이런 고민을 했던 것 같아요.

3. 고3 때 공부하기도 바빴을 텐데, 어째서 믿음의 문제에 그렇게 심각하게 고민했나요?

믿음이 저에게 정말로 중요했기 때문이에요.

제가 고3 때 믿음의 근본을 놓고 고민은 심각하게 했지만 그 전 고2때 기도생활을 통해서 하나님을 느끼면서 확실히 깨달은 부분이 있었거든요. 그래서 그 부분을 나의 삶에 어떻게 적용을 시켜야 할지, 또한 어떻게 확실하게 흔들림 없는 믿음을 가질 수 있을지에 대한 해답이 저에겐 그 무엇보다도 중요했어요.

물론 고3 때 고민 많죠. 성적 뿐 아니라 미래에 대한 비전과 입시에 대한 생각에 머리가 아주 복잡해요. 그래도 저는 특히나 믿음에 대한 기도를 엄청 많이 했어요. 처음에는 성적이 내려가면 원망하는 기도를 드렸고, 또 성적이 오르면 감사하는 기도를 드리며 갈팡질팡 했어요. 그러다가 나중에는 이런 문제에 관계없이 주님을 더욱 의지하게 해달라고 그리고 제발 믿음이 흔들리지 않게 확신을 달라고 조금 더 발전한 내용의 기도를 드렸어요. 그런데 이렇게 감정에 솔직한 기도를 드리다 보니까, 자연스럽게 하나님의 살아계심이 삶 속에서 느껴지더라고요. 저는 솔직한 감정을 하나님 앞에 고백했을 뿐인데, 어느새 기도의 제목들이 이루어지기 시작했고, 또한 그 누구보다도 하나님을 더욱 의지하는 삶으로 저의 인생이 바뀌었어요.

그 다음부터는 믿음에 대한 어떠한 의심도 다시는 품지 않았어요. 아니 생기지가 않았다는 표현이 더 맞을 것 같아요. 그리고 이런 과정에서 저의 부모님이 정말 큰 도움을 주셨어요. 무조건 윽박지르지 않고 저의 상태를 이해해주시고, 제가 스스로 깨닫게 될 때까지 기다려 주셨어요. 아마 그때 부모님이 저의 상태를 이해하지 못하고 강압적인 방법을 사용하셨다면 저는 훨씬 먼 길을 돌아왔을 거예요. 이렇게 제 학창 시절과 믿음에 대한 이야기는 결코 따로따로 말을 할 수가 없어요. 믿음에 대한 문제도 해결되면서 공부와 다른 학업의 문제도 자연스럽게 해결되었으니까요.

4. 구체적으로 신앙이 학업에 어떤 도움이 되었나요?

일단 제가 아까 말씀드렸듯이 기도하는 도중에 수학 성적이 많이 올랐어요.

물론 이건 제가 열심히 해서 올랐다고도 생각할 수 있지만 그래도 제가 느끼기에는 분명히 기도의 힘이 작용되었다고 생각해요. 그리고 하나님께 의지하면서 마음이 많이 강해졌어요.

3학년 때는 성적이 아주 심하게 등락을 반복했어요. 고1, 2때는 뭐 다음에 오르겠지라고 생각하면 되니까 마음이 편한데 고3은 이제 시간이 없기 때문에 그때와는 마음가짐이 전혀 다르거든요. 저와 비슷한 경험을 하는 아이들도 무척 힘들어했어요. 그런데 저는 오히려 마음이 편했어요. 정말로 수능이 가까워올 수록 마음이 엄청 편해졌어요.

수시에 떨어지고, 정시마저 떨어지면 재수를 해야 된다는 생각이 엄습해 오기도 했지만, 그래도 하나님은 결코 저를 버리시지 않는다는 확신이 있었거든요. 나는 내가 할 수 있는 최선을 다하기만 하면 반드시 하나님이 책임을 져주신다고 생각했어요. 하나님이 예비하신 길을 나는 그저 가기만 하면 된다고 생각을 했기 때문에 불안이나 걱정을 전혀 하지 않을 수 있었어요. 그러고 보면 결국 고3 때 저의 믿음의 문제가 해결된 것이 수능에 정말 큰 도움이 되었다고 말할 수 있을 것 같아요.

그런데 정말 재밌는 건 이렇게 말하고 있는 제가 사실은 공부할 시간이 부족하다고 부모님께 교회 안 나가면 안 되냐고 말을 했었던 사람이라는 거예요. 그리고 오히려 부모님이 저에게 교회를 나가라고 말씀해 주셨어요. 그때도 부모님이 저의 생각을 다 들어주시고 좋은 말로 타일러 주셨거든요.

그때 가장 기억에 남는 부분이 "예배는 우리 삶에 + 알파로 들어오는 부분이 아니라 반드시 필요한 삶의 일부분이다"는 말씀이었어요. 그리고 제가 믿음을 바로 찾을 때 그 사실을 알게 될 거라고도 말씀해주셨는데, 결국 부모님의 말씀대로 된 것 같아요. 그래서 아마 저와 비슷한 생각을 하는 친구들에게는 저의 경험이 어쩌면 아주 큰 도움을 줄 수도 있을거라고 생각해요.

5. 과목별 수능은 어떻게 공부했나요?

언어는 정말로 답답한 과목이라고 생각해요.

아무리 공부를 해도 잘 안 오르고 또 그렇다고 공부를 안 해도 잘 안 떨어지는 과목이었거든요. 수학은 문제 풀면 오르고 외국어는 단어 외우면 올랐는데, 언어는 그게 잘 안됐어요. 그래서 너무 답답해서 언어는 거의 손을 놨었어요. 공부를 안 해도 성적은 나름 나오고 있었거든요. 그리고 제가 약했던 수학을 공부해서 점수를 많이 올렸는데 그러고 나니까 언어가 많이 떨어져 있었어요.

저는 책도 좀 많이 읽었던 편이었는데도 언어가 조금 힘들었어요. 그래서 일단은 종합문제집을 사서 전체적으로 쫙 풀어보면서 문제 유형을 익히려고 노력했더니 점수가 조금 올랐어요.

그리고 또 정체기였죠. 그래서 이번에는 제가 많이 틀리는 문제의 유형을 다시 또 살펴봤어요. 그랬더니 고전문학에서는 시를 많이 틀리고 비문학의 경우는 과학기술이라는 사실을 알게 됐죠. 그래서 시에 대한 문제집을 따로 사서 풀었어요. 그런데 고전문학과 시는 단어도 너무 어렵고 해서 공부 방법을 잘 모르겠더라고요. 그래서 무조건 인물에 초점을 맞춰서 공부했어요.

그렇게 오래 공부를 하다보니까 나중에는 고전이 문제로 나와도 인물에 대한 정보가 있어서 어느 정도 내용이 유추가 되면서 문제를 푸는 데에 중요한 힌트들을 얻을 수가 있었어요.

비문학의 경우는 제가 문과라 과학기술에 너무 겁을 먹고 있었어요. 어차피 언어영역은 공통으로 보는거기 때문에 배경지식이 없이 지문만 잘 이해해도 충분히 풀 수 있는 내용이 대부분이거든요. 그래서 지문만 보고 내용을 푸는 연습을 좀 하다보니까 이것도 요령이 생겨서 나중에는 제가 전혀 모르는 과학 내용이 나와도 맞출 수가 있게 되었어요. 그리고 오답의 경우는 제 생각과 답지의 생각을 대조하고 난 뒤 넘어가는 정도로 살폈어요.

요약을 해보면 전체적인 문제의 유형을 파악하고, 자신이 약한 부분을 분석해서 따로 집중적으로 공부를 하는 것이 성적 향상의 비결이었다고 말할 수 있겠네요.

다음은 수리에 대해서 말씀드릴게요.

제가 수학을 못했다가 성적이 오른 케이스라서 그런지 모르겠는데, 아무튼 저한테 수학을 잘하려면 어떻게 해야 되냐고 묻는 친구들이 많이 있었어요. 그런데 사실 특별한 비법은 없었어요. 굳이 한 가지 뽑자면 혼자서 공부한다는 것 정도를 말할 수 있을 것 같아요. 학원, 과외, 심지어는 그 흔한 인강도 듣지 않았어요. 그냥 혼자 사서 정석 보면서 개념 읽고 문제 풀고 했어요. 그런데 그 뒤에 나오는 연습 문제가 정말 어렵거든요. 그거를 처음부터 풀어보려고 하면 책이 어렵게 느껴지고 금방 흥미를 잃게 되요. 제가 봤을 때는 시중에 나오는 응용문제집보다도 난이도가 더 높아요. 그래서 저는 정석으로 미리 수학을 예습하고, 수업시간에 진도를 들으면서 해당하는 문제를 풀어요.

그렇게 기본 문제를 풀면서 개념을 마스터한 뒤에 응용문제집을 풀었고, 거기까지 확인한 뒤에 정석의 연습문제를 풀었어요. 근데 가장 중요한 것은 응용문제 정도 되면 한번만 풀어서는 안 되고 최소 3번 이상을 풀어봐야 되요. 응용문제를 풀어서 당장 맞았다고 하더라도 다음날 다시 풀어보면 틀리는 경우가 정말 많아요. 그래서 익숙해질 때까지 풀고 난 뒤에 다음 과정으로 넘어가면 비슷한 유형의 어떤 문제가 나오더라도 다음부터는 놓치지 않고 풀 수가 있어요.

그리고 저는 문제 풀이과정을 지우지 않고 그대로 놔뒀어요. 그러면 틀린 과정들이 서로 비교가 되거든요. 그러면 제가 어디서 실수를 했고 어디서 생각을 잘못했는지를 쉽게 찾을 수가 있어요. 그래서 오답 노트는 따로 만들지 않았고 대신에 틀린 문제들 모아놓고 확실히 풀 때까지 풀이 과정만 비교하면서 공부를 했었어요.

사탐은 제가 고3부터 공부를 시작했어요.

처음에 어떤 과목을 선택할까 고심을 하다가 윤리랑 국사랑 근현대사를 선택했어요. 그런데 고3와서 사탐을 3과목이나 하려니까 너무 막막하더라고요. 게다가 저는 혼자 공부하는 스타일이라 인터넷 강의를 듣거나 학원을 가는 스타일도 아니었으니까요. 너무 답답해서 인강을 한번 들어보려고 생각한 적도 있었는데, 그냥 제 스타일대로 하기로 마음을 먹었어요.

국사는 정말 막무가내로 책을 많이 읽었어요. 어차피 교과서로 지정된 것이 하나뿐이어서 거기서밖에 나올 수가 없다고 생각이 들어서 책이 완전 헤질 때까지 10번도 넘게 읽었던 것 같아요. 그리고 교과서가 이해 안 되는 내용은 도서관에서 그거랑 관련된 책이나 백과사전 찾아보면서 추가 지식을 얻었어요.

근현대사도 마찬가지 방법으로 공부했어요.

윤리는 학교에서 3년 내내 과목이 있었기 때문에 거기서 내신을 챙

기다 보니까 모의고사도 괜찮게 나왔어요. 그러니까 내신 과목도 소홀히 하지 말고 다 수능에 도움이 된다고 생각하고 열심히 하는 게 나중에 도움이 돼요.

외국어는 일관적으로 성적이 괜찮게 나오는 편이었어요.

집에서 어머니와 함께 영어로 대화를 하는 습관도 있었기 때문에 나름 자신도 있었고요. 그래서 회화에 자신이 있어서 문법 공부를 안 했는데, 그러다보니까 딱딱한 글을 읽는 것이 조금 힘들어져서 위기가 찾아온 적이 있었어요. 그래서 일단은 지문을 보면서 문맥을 파악하는 훈련을 하기 시작했어요.

근데 제가 너무 자신감이 있어서 방심을 했는지 단어는 또 엄청 외우기를 싫어했어요. 그러니까 문제를 아무리 빨리 읽고 풀어도 모르는 중요단어가 가끔 있어서 정답률이 크게 떨어졌어요. 그래서 어쩔 수 없이 뒤늦게 단어를 외우기 시작했는데, 적성에 안 맞는지 단어집을 들고 외우거나 따로 시간을 내서 외우는 게 너무 힘들었어요. 그래서 문제를 풀면서 모르는 단어를 체크해 놓고 그런 식으로 여러 문제를 풀면서 체크한 단어를 최대한 자주 보는 방식으로 바꿨어요.

저는 문법도 문제가 없었고 독해도 문제가 없었는데, 결정적으로 단어를 몰라서 문제를 틀릴 때가 많았어요. 그러니까 단어의 중요성을 잘 알고 중요 단어들은 미리 숙지하기 위해서 노력하셨으면 좋겠어요. 저보다 영어 자체를 못하는 아이들도 단어를 많이 아는 아이들은 저와 성적이 비슷하거나 더 높은 경우도 있더라고요. 단어를 잘 알면 문제를 훨씬 편하게 풀 수 있어요. 그래서 자신에게 맞는다고 생각되는 단어 암기법을 하나쯤은 만들어서 꾸준히 외우세요.

6. 고3 때는 어떻게 생활했나요? 혼자 공부하는 데 힘들지는 않았나요?

아까도 말씀드렸지만 저는 완전히 혼자서 공부했어요.

그래서 뭐 특별히 신경쓸 일이 없었던 것 같아요. 저 혼자 공부하니까, 알아서 스케줄 짜서 제가 원하는 대로만 돌아가면 됐거든요. 고3 때는 아침 6시에 일어나서 7시까지 학교 갔어요. 그리고 뭐 수업시간에는 그 과목 집중하고, 쉬는 시간에는 공부한 내용들 복습하면서 보냈어요.

야자시간에는 처음에는 언어, 수리, 외국어를 똑같이 나눠서 했어요. 그런데 양이 셋 다 만만치 않고 특히 수리는 할 게 너무 많아서 안 되겠다는 생각이 들더라고요. 그래서 너무 정해진 계획대로 시간 맞춰서 하기보다는 공부 순서정도만 적당히 머릿속으로 정리를 한 다음에 그 과목을 공부하며 느껴지는 흐름대로 따라서 공부를 했어요.

공부 한창 잘 되는데 한 시간 끝났다고 과목을 바꿀 필요는 없다고 생각했거든요. 그리고 스케줄을 너무 계획적으로 짜면 대부분 실패를 해요. 그리고 그런 실패가 저한테는 의욕을 상실하게 만드는 것 같아서 세세하게는 세우지 않았어요.

그리고 사실 공부 방법이라는게 사람마다 다 달라요.

그래서 제 방법이 정답이다. 이렇게 말씀은 못 드리겠지만 그래도 최대한 혼자서 공부하는 습관은 중요하다는 걸 아셨으면 좋겠어요. 물론 과외나 인강이 스타일에 맞는 분들도 계세요. 하지만 결국에는 자기가 스스로 해서 얻는 것보다는 결국 효과가 떨어진다고 생각해요. 그리고 대학을 가서도 그렇고 나중에 직장을 가져서도 결국은 자신에게 맞는 방법을 찾아야 되잖아요?

스스로 공부하는 게 처음에는 느릴지는 몰라도 나중에는 성취감도 크고 기억도 더 잘 돼요. 그리고 가장 중요한 것은 수능 볼 때 더 도움이 된다는 사실이에요. 고3 초기에는 학생들이 인강도 듣고 과외도 하고 그러다가 수능 날이 가까워질수록 혼자서 공부를 하려고 해요. 아무래도 EBS도 풀어야 되고, 혼자서 수능 보는 스타일에 적응을 해야 되니까요.

그런데 평소에 혼자서 공부하는 습관을 기르지 못한 아이들은 여기서 엄청 당황해요. 그래서 시간이 많든 적든 상관없이 그냥 최대한 혼자서 해보려는 습관을 미리 기르는 것이 실제 수능과 공부 방법에는 훨씬 큰 도움이 될 거예요.

그리고 의지가 되는 성경 구절도 있으면 좋아요.

저는 잠언 3장 5절 말씀이었어요.

'너는 마음을 다하여 여호와를 신뢰하고 네 명철을 의지하지 말라'

당장 눈앞의 성적 때문에 신경 쓰이고 마음이 조급해질 때마다 이 말씀이 저에게 큰 힘이 되었어요. 그래서 너무 자판기처럼 성적 안 나오고 급할 때만 기도하면서 하나님께 매달리지 말고 그냥 힘들 때나 좋을 때나 하나님과 함께 한다는 사실을 기억하셨으면 좋겠어요.

7. 후배들에게 신앙과 관련해서 해주고 싶은 조언이 있다면?

교회와 신앙생활에 대한 올바른 목적을 가졌으면 좋겠어요.

가끔 주위에서 교회를 인맥을 쌓거나 다른 이유를 가지고 다니는 아이들이 있거든요. 그리고 정말로 믿음이 있다면 최소한 주일날 예배 드리는 일에 대해서는 흔들리거나 타협을 하지 않았으면 좋겠어요. 주일만큼은 공부에서 잠시 벗어나서 하나님을 온전히 예배하는 것이 결코 손해가 아니라는 사실을 반드시 기억하세요. 하나님을 예배하고, 한 주간을 정리하고, 다시 다음 주의 계획을 세우는 식으로 공부를 하면 신앙생활이 학업을 위한 에너지의 역할까지 하게 돼요. 이건 비단 저의 이야기만이 아니라 제 주위의 다른 친구들의 이야기이기도 해요. 믿음 속에서 이루어지는 신앙생활은 공부에도 정말 큰 도움이 돼요. 그러니까 예배를 통해서 생기는 시간적 손해만 너무 생각하지 말고, 예배를 통해 받는 위로와 기쁨에 대해서 생각했으면 좋겠어요. 물론 예배는 우리가 하나님께 드리는 것이지만 하나님은 우리에게 더 큰 위로와 기쁨을 주시거든요. 물론 저처럼 고3이 돼서도 믿음에 대한 고민이 계속 이어질 수는 있지만, 그래도 저처럼 솔직하게 하나님께 불평을 쏟아내면서라도 기도하고, 주일 예배는 빠지지 않으면서 해답을 찾는다면 공부와 신앙 모두에 대한 분명한 성과가 나타나실 거예요.

8. 수능을 준비하는 후배들에게 더 해주고 싶은 조언이 있다면?

　　신앙과 공부에 대한 이야기는 이미 거의 다 한 것 같고요. 체력의 중요성에 대해서 강조하고 싶어요. 공부를 하면서 자기 리듬을 유지하고, 그로 인해서 건강에 이상이 생기지 않는 것이 중요해요. 나중에 3학년 되면 엄청 공부 열심히 할 것 같은 느낌이 들고 열의가 아주 강하게 생겨요. 그런데 막상 가면 체력도 달리고 힘이 들어서 생각만큼 공부를 못하게 돼요. 여름 같은 경우에는 특히 여자애들이 더 심해요.
　　기본적으로 남자들에 비해서 체력이 없으니까 공부에 집중도 엄청 안 되고 수업시간에 졸음도 쏟아지고 그래요. 특히 여자들이 더 관리를 잘 해야 돼요. 남자들은 더워도 그냥 나가서 축구하고 공차면 되는데, 여자들은 딱히 할 만한 운동이 많이 없잖아요.

그래서 저는 아침에 학교까지 걸어갔어요. 약 40분 정도 걸리는 길인데 그거로라도 운동을 하려고요. 특히 여자들이 더 체력관리에 신경을 써야 된다고 생각해요.

그리고 수면시간은 되도록 충분히 가지세요. 새벽까지 공부하고 학교 와서 수업시간에 하루 종일 조는 아이들도 봤어요. 그런데 수업 시간에 제대로 준비를 못하면 내신 대비하기도 힘들고 생활 리듬이 깨져서 더 안 좋아요. 학원을 다니거나 인강을 듣는다고 하더라도 수업 시간이 유일한 공부 방법이라고 생각해서 집중해서 들으세요. 수업시간엔 또 그 시간에 밖에 들을 수 없는 중요한 내용들이 많이 있어요.

그리고 부모님과 대화하는 시간을 많이 가지세요.

사실 고3 때 부모님과 트러블 생기는 경우가 굉장히 많아요. 시험 점수 떨어지면 가만 나둬도 슬픈데 부모님도 공부 제대로 안 한다고 뭐라고 더 하시거든요. 그래서 성적 아예 감추고 안 보여주는 아이들도 많이 있어요. 수능 가까워지면서 부모님과 대화를 거의 안하는 아이들도 있고요. 그래도 부모님과는 최대한 대화를 하면서 서로 속내를 나누는 시간을 가지도록 노력하세요.

저도 부모님이 안 계셨으면 공부도 그렇고 신앙도 그렇고 모두 갈피를 잡지 못했을 거예요. 야자 끝나고 집에 들어와서 저는 항상 부모님과 대화하는 시간을 가졌어요. 이렇게 꾸준히 대화를 하다보니까 서로에 대해서 더 잘 알게 되고 많은 오해들이 풀리고 정서적으로도 안정이 되었어요.

부모님과 관계가 좋지 않을 때 성적이나 기타 다른 행동들로 인해 문제가 생기지, 부모님과의 관계가 좋고 스스로 할 일을 충실히 하고 있다면 부모님도 항상 응원해 주시지 성적이 안 나온다고 화내거나 하시지는 않아요. 수험 기간에 가족과의 관계도 안 좋아지고 신앙도 흔들리는 친구들의 경우도 많이 봤어요. 그런데 이런 모습이 저에게는 공부 때문에 더 중요한 것을 잃는 것처럼 보이거든요.

하나님과 가족과의 관계가 바르게 잡혀 있을 때 성적도 훨씬 더 잘 나올 수가 있다는 사실을 깨닫고, 너무 근시안적으로 학업 성적에 연연하지 말고 정말 중요한 것들을 소중히 생각하며 세 마리의 토끼를 잡는 수험생 여러분들이 모두 되었으면 좋겠어요.

9. 고3 학부모님들께 당부드리고 싶은 건...

먼저, 자녀들과 대화를 많이 나누라고 말씀드리고 싶어요.

제 고3 때를 떠올려 보면 성적 문제 등으로 부모님과 대화를 별로 하지 않는 아이들이 많았어요. 사실 성적이다 대입이다 치이다 보면 학생이나 학부모나 서로 간의 대화를 소홀히 하기 쉬운데, 짧은 시간이라도 대화를 하는 것이 굉장히 중요하거든요. 대화를 통해서 학생들은 고민을 털어놓고 위로와 격려를 얻을 수 있고, 부모들은 자녀가 무엇 때문에 힘들어 하는지, 어떻게 응원해줘야 할지를 알게 되는거죠.

고3이 수험생 신분이라 성적과 입시가 가장 큰 비중을 차지하지만, 부모와 자녀 간의 대화는 그 영역에만 한정되어서는 안 돼요. 학교생활, 진로문제, 친구관계, 심지어는 일상의 소소한 이야깃거리라도 학생들이 맘 편히 이야기 하도록 해주어야 해요.

학생들이 공부하는데 있어서 단순한 응원과 감시보다 더 중요한 건 바로 정서적 안정이니까요.

또, 자녀들의 성적에 자녀들보다 더 나서서 민감하게 반응하지 말라고 말씀드리고 싶어요.

학생들은 자신이 원하는 성적을 얻지 못했을 때, 주변사람들이 굳이 뭐라고 하지 않아도 충분히 아쉬움과 좌절감을 느껴요. 그런데 거기에다가 대고 공부를 어떻게 한 거냐, 이제 어떻게 할 거냐 등 학생의 마음을 더 조급하게 만드는 말을 하면 오히려 역효과가 나요.

물론 성적에 신경을 쓰지 않을 수는 없습니다만, 그 성적에 대처하는 방법을 달리해야 해요. 무작정 다그치기 보다 무엇이 부족했는지 스스로 생각해보게 하고, 앞으로 어떻게 공부하면 좋을까 함께 이야기하고 스스로 고민하도록 해주어야 하는 것이 더 효율적인 것 같고, 작은 변화라도 칭찬해주고, 끊임없는 응원과 지지도 잊지 말아야겠죠.

학교 선생님들은 학생을 성적을 기준으로 평가하기 때문에 학생 자신이 어떤 평가를 받든지 흔들리지 않고 버틸 수 있는 원동력은 다름 아닌 부모님의 사랑과 지지에서 나와요. 부모님마저 성적의 잣대로 자녀를 대한다면 학생은 그 어느 곳에서도 안정감과 위로를 얻지 못하고 괴로워하게 되고, 결국엔 점수 1, 2점에 목을 매게 되요. 따라서 부모님이 학생의 성적이 어떻든지, 성적과는 상관없이 사랑하고 응원하고 있음을 보여준다면 가족 간의 사랑도 깊어지고 성적 향상에도 도움이 될 것이라고 생각해요.

성균관대학교 1학년

강 문 수

수학 8등급도 할 수 있다면
여러분도 할 수 있습니다

수학 8등급으로 고3 생활을 시작했지만 극복할 방법이 있었습니다. 포기하면 거기서 끝이지만, 노력하면 길이 보입니다. 교육환경이 좋지 않다하더라도 극복할 수 있는 비결이 있습니다. 수능이 끝날 때까지는 포기란 단어는 잊어버리세요.

1. 현재 다니는 학교를 선택하게 된 이유는 무엇인가요?

저에게는 아주 현실적인 두 가지 이유가 있었어요.

첫째는 제 점수로 갈 수 있는 가장 높은 대학에 가고 싶었고, 두 번째는 그러면서도 제가 하고 싶은 일을 전공으로 정하는 것이었어요. 여러 가지 알아본 결과 성대 공대도 요새 아주 좋다고 하더라고요. 그리고 저희 집에서 가까운 편이어서 통학도 편해서 더욱 끌렸어요.

과는 기계공학과에 들어가서 에너지 관련 공부를 해보고 싶었는데요. 마침 성대에 에너지 공학과가 있어서 정말 좋았어요. 만약에 과를 보지 않고 그냥 가장 높은 학교를 들어간다고 치면 고려대까지는 갈 수 있었지만 그래도 희망하는 과에 들어가는 것을 훨씬 중요하게 생각했어요.

2. 고등학교 때의 신앙생활은 어땠나요?

고등학교 1, 2학년 때는 학교 다니면서 신앙생활도 열심히 했어요. 매일 아침에 큐티를 하면서 말씀 묵상을 하루도 빼놓지 않고 했어요.

제가 원래는 외고를 들어가려고 준비했었는데요. 성적이 모자라서 떨어지고 나서 다른 학교로 가야 했어요. 어차피 목표로 한 곳을 가지 못하게 됐기 때문에 차라리 신앙생활에 도움이 되는 미션 스쿨로 가고 싶어서 제가 다니던 학교로 가게 해달라고 기도를 많이 했어요. 그런데 지금 생각해보면 저한테는 오히려 외고에 붙은 것보다 더 좋은 작용을 한 것 같아요.

고등학교 가면서 학교 분위기나 여러가지 것들이 많이 달라졌어요. 학교에서 예배도 드리고 또 저와 비슷한 이유로 모인 아이들도 많아서 서로 의지가 되고 도움이 되더라고요. 힘들 때 서로 기도도 해주기도 하고 그랬어요. 그리고 학교가 미션스쿨이니까 고3 때도 교회 간다고 뭐라고 하는 사람 한명도 없었어요. 이런 것이 정말 신앙생활을 유지하는 데에 아주 큰 도움을 줬어요. 학교 다닐 때는 그래도 선생님들의 영향이 크니까요.

선생님들이 절대적으로 교회 못 가게 하면 설령 제가 그것을 이겨내고 간다고 하더라도 관계도 조금 껄끄러워 지고 정신적으로도 피곤해지거든요. 그런데 그런 스트레스가 없어서 가장 좋았어요. 1, 2학년 때는 지금 생각해보면 정말 알차게 보냈던 것 같아요. 신앙적으로도 그렇게 하나님을 알아가고 또 친한 친구들과 함께 지내고 여러 가지 재미있는 시간들을 많이 보냈었어요. 그런데 고3 때 여러 가지 일들이 있어서 신앙적으로 많은 문제들이 있었어요. 뭐 결국엔 다 극복이 되고 좋은 결과도 나왔지만요.

3. 구체적으로 어떤 문제가 있었나요? 극복 방법은?

3학년 때 신앙생활의 위기가 찾아왔어요.

여러분도 아시다시피 고3 때는 가만히 있어도 걱정이 많아지잖아요. 저는 또 공부를 늦게 시작한 편이라서 공부 생각만으로도 복잡한데, 갑자기 신앙적인 문제까지 겹치니까 정말 너무 힘들었어요.

일차적인 문제는 성적 문제였어요. 제가 고3 올라가서도 성적이 정말 엄청 안 좋았어요. 수학같은 경우는 거의 전교에서 바닥이었거든요. 그런데 제가 또 이과니까, 앞으로 수학이 가장 중요하잖아요. 그래서 그런 문제로 스트레스를 받았어요.

그 다음으로는 집에서 부모님이랑 갑자기 사이가 너무 안 좋아졌어요. 자세히는 말씀 드리지 못하지만 그래도 이제 밖에 나가서 공부만 하다 들어오면 집안에서는 뭔가 좀 아늑하고 편안한 그런 느낌이 있어야되잖아요? 그런데 밖에서도 스트레스 안에서도 스트레스니까 이거 정말 미치겠는거죠. 신앙적인 문제는 이런 상황 속에서 스스로가 만든 문제였어요.

'내가 1, 2학년 때 정말 신앙생활도 열심히 하고, 말씀도 매일 읽고 기도도 많이 했는데, 이 중요한 순간에 왜 이런 일들을 주실까?',

'지금 참고 열심히 신앙생활 한다고 해서 과연 이런 일들이 변화될까?

이런 생각들이 계속 들면서 저의 마음을 괴롭게 했어요. 그래서 교회도 일부러 안 나갔어요. 주일날 교회 갈 시간에 사실 일어났는데, 그냥 눈 감고 더 자버렸어요.

그래도 이게 평생 해오던 거니까 마음이 조금 찝찝하고 좋지 않더라고요. 그래도 그냥 꾹 참고 한달 정도는 아예 교회를 안나가버렸어요. 저희 부모님도 모두 크리스천이어서 그것 때문에 사이는 더 안 좋아졌죠. 그래도 괜히 반항심이 생겨서, '교회 나간다고 뭐 별 일 생기나? 맨날 기도로 이겨내라고만 하지' 라고 생각하면서 참았던 것 같아요.

그래도 다시 돌아올 수 있게 된건 친구들의 역할이 가장 컸어요. 저와 같이 신앙생활 했던 친구들 중에 정말로 신실한 아이들이 많이 있었어요. 교회 잘 나오던 제가 갑자기 교회를 계속 안 나오니까 걱정해주면서 고민을 물어보는 친구들이 많았어요.

처음에는 의례 한번 하는 연락인 줄 알았는데, 정말 진심이 느껴지더라고요. 특히 제 친구 중에 목사님 아들인 친구가 있었는데, 그 아이가 저의 신앙에 정말 큰 도움을 줬어요. 이유없는 반항심까지도 다 받아주면서 '누구나 그럴 수 있다', '그럴 땐 이렇게 해야 한다', '이랬던 사람도 있었다' 라고 조목조목 이야기해주면서 걱정을 많이 해줬어요. 그래서 그런 친구들에 의해서 자연스럽게 신앙이 회복됐어요. 비록 짧은 기간이었지만요. 그렇다고 해서 갑자기 180도 확 바뀌어서 엄청 열정적으로 신앙생활을 했던 것은 아니에요.

아, 그리고 이런 후회도 있었어요. 시간이 점점 흐르면서 자기 연민의 늪에서 벗어나고 나니까요. 그때 제가 한 달 정도 방황하면서 교회 빠지고 큐티도 안 하고 이런 것들이 정말 너무 후회가 되는 거예요. 그래서 이후부터는 같은 실수를 하지 않으려고 공부도 중요하지만 하나님과 친밀해지는 시간을 위해서 더욱 노력했어요.

요약을 하자면 가정과 학업에 대한 스트레스로 정말 힘이 들어서 잠깐 방황을 했지만, 주변에 좋은 친구들의 도움으로 다시 돌아올 수 있게 되었다고 말할 수 있겠네요. 그래서 이 책을 읽는 분들도 저 같은 친구들이 주변에서 방황하고 있다면 꼭 관심 가져주고 그 친구를 위해서 기도해주세요. 그렇게 남을 위해서 도움을 주고 위로를 해주면 나중에 내가 힘들 때는 더 크게 도움을 받아요. 또 그런 것들이 서로 같이 신앙생활을 하는 친구 사이의 당연한 일이라고 생각을 하고요.

4. 가장 약했던 과목은 무엇이었나요? 약점을 이겨낼 수 있었던 비결은?

저는 정말로 수학을 엄청 많이 못했어요. 어느 정도였냐면 제가 고3 올라가기 전 마지막 2학년 때 본 내신 수학이 8등급이었어요. 저희 학교 전교생이 400명 정도였는데, 그 중에서 380등정도 했어요. 거의 꼴찌라고 해도 무방해요.

그런데 제가 이과잖아요. 정말 큰일 난거죠. 그렇게 해서 사실상 수학은 고3 올라가면서 아주 기초부터 공부를 시작했다고 볼 수 있어요. 먼저 대학을 가기로 결심을 하고 수학부터 공부하기로 했어요. 그래서 큰맘 먹고 수학책을 딱 펼쳤는데 아예 처음에 나오는 기본 예제부터 풀지를 못하겠는 거예요. 저도 정말 어이가 없었던 게 아예 손도 대지 못했거든요. 수업 시간에도 열심히 집중해서 들어봤는데, 수업 내용 중의 절반은 아예 무슨 소린지도 이해가 되지 않았어요.

그래서 결국 학교 진도에 나를 맞추지 말고, 그냥 아예 처음부터 시작해서 수능 볼 때 끝나는 나만의 진도를 만들자고 결론을 내렸어요. 제가 도저히 학교 수업에 따라갈 수는 없었거든요. 그래서 아예 진짜 최고 기초부터 나와 있는 기본서를 사서 봤어요.

고3 시작하면서부터 고1 수준의 수학부터 시작을 했어요. 고2 겨울 방학 때는 그것보다도 훨씬 낮은 수준을 공부했고요. 인강도 조금씩 보긴 봤는데, 그것보다는 기본서에 훨씬 높은 비중을 두고 공부했어요. 적분과 통계까지 기본서를 3번 정도씩 봤거든요. 제가 벡터를 들어갔을 때가 수능이 100일 정도 남았었어요. 그래도 마음이 조급해지지 않게 잘 컨트롤 하면서 열심히 했어요. 매일 수학만 7, 8시간을 기본으로 공부하고, 다른 공부는 나머지 시간에만 했어요. 지금까지 공부를 안했으니까 당연히 그 약점을 극복하기 위해서는 몇 배로 더 열심히 해야 되는 거니까요.

그래서 제가 수학을 극복하게 된 방법을 조금 정리해 볼게요.

첫 번째는 일단 기본서에 치중한 것이 정말 잘 먹혔던 것 같아요. 심지어는 그 중요한 EBS문제집도 못 풀었어요. 제가 그거 풀어서 뭐하겠어요? 아예 이해를 못하는데요. 모의고사 때도 모르는 문제 틀리는 건 상관없지만 대신에 아는 문제는 절대 틀리지 말자는 식으로 풀었어요. 물론 이게 마음이 조금 급할 수는 있어요. 다른 친구들 다 기출 문제 풀고 EBS풀 때 혼자서 기약없이 기본서 가지고 진도만 나가는 거니까요. 저도 각 단원마다 기본서를 몇 번씩 복습한 뒤에 날짜를 확인하니까 수능이 50일 정도 남았었어요. 그 당시에도 수학 점수가 뭐 눈에 띄게 좋아지지는 않았고요.

50일 남긴 다음부터 기출 문제만 풀기 시작했어요. 파트 별로 나눠져 있는 걸 사서 한 권 당 3번씩은 풀어본 것 같아요. 그렇게 기본서를 같이 보면서 3번을 딱 푸니까 수능 날이 됐어요.

그래서 아예 기본이 없는 상태에서 시작하는 친구들은 학교 진도나 친구들이 공부하는 수준이나 혹은 인강에 너무 치중하기 보다는 자기 상태에 맞춰서 조금씩 공부했으면 좋겠어요.

두 번째로는 전 정말로 절박하게 수학을 공부했거든요. 아침에 일어나서 수학 공부하고 자기 전에도 수학 공부 했어요. 이과에서 제가 원하는 목표 대학을 가기 위해서는 수학이 반드시 필요했어요. 그래서 진도는 천천히 나갔지만 정말 매일 목숨을 걸고 수학을 공부했어요.

그리고 신앙의 도움도 컸어요.

이게 그냥 하는 소리가 아니에요. 한 번 생각을 해보세요. 이제 겨우 기본서만 다 봤는데 수능이 50일 남았어요. 주변에서는 이미 이때쯤 기출이랑 EBS거의 끝낸 친구들도 있거든요. 그런데 저는 이제 시작이에요. 얼마나 마음이 불안하고 초조했겠어요. 물론 제가 조금 덤덤하게 이겨낸 편이긴 했지만 그래도 정신이나 마음이 많이 복잡해지더라고요. 그리고 정말 매일 힘들게 집중해서 수학을 공부하다 보니까 몸도 마음도 완전 진이 빠져서 하루가 끝날 때마다 녹초가 되었어요. 그래서 정말 회복 불능이라고 느껴질 때에는 교회에 가서 하나님을 더욱 찾았어요. 제 힘만으로는 공부하기가 너무 힘드니까 계속 공부를 해나갈 수 있는 힘을 달라고 기도했어요. 매일 빼먹지 않고 같은 기도를 드렸어요.

이렇게 제 상태를 잘 파악하고, 기본서 위주로 공부하고, 힘든 마음을 하나님께 의지함으로 끝까지 했기 때문에 좋은 결과가 있었던 것 같아요. 그리고 이게 제가 할 수 있는 최선의 방법이었어요. 그래서 정말 희한하게도 수능 전날이나 수능 당일 날에도 전혀 떨지 않았어요. 시간을 다시 되돌려도 그 이상으로 열심히 할 수는 없을 것 같다는 생각이 들었어요. 그리고 제가 이렇게 준비하고 나서 모자란 부분들은 하나님께서 분명히 채워주실 것이라는 믿음이 있었거든요.

5. 다른 과목들은 어떻게 공부했나요?

언어는 수학보다는 덜했지만 그래도 좋은 편은 아니었어요.

그나마 수학보다는 좀 나았지만 그래도 3학년 되면서부터 공부를 시작했는데 점수가 무난히 오르는 편이었어요. EBS문제집을 위주로 풀었고요. 특히 '언어의 기술' 이라는 책만 3번 정도 보고 난 뒤에 점수가 팍 올랐어요. 이 책이 워낙 유명해서 저 말고도 많은 학생들이 읽었는데 아직 읽어보지 않으셨다면 꼭 한번 읽어보라고 권해드리고 싶어요. 그렇게 그 책이랑 EBS교재를 통해서 다행히 공부 초기에 저한테 딱 맞는 공부 방법을 찾았던 것 같아요. 그 다음부터는 점수가 궤도에 오르면 잘 떨어지지 않고 쭉 유지가 됐어요. 그리고 언어가 잘 풀린 덕분에 제가 수학을 더 열심히 공부할 수 있었죠. 언어는 외국어랑 합쳐서 보통 하루에 1, 2시간 정도 공부했어요.

그리고 **외국어**는요. 제가 처음에 중학교 때 외고 들어가려고 준비했다고 말씀드렸잖아요. 그때 외국어를 열심히 해 놓은 게 있어서 다른 친구들에 비해서 조금 자신이 있었어요. 그렇다고 뭐 처음부터 만점 받고 엄청 잘 한 것은 아니었고요. 수업 위주로 들으면서 조금씩 관리해도 점수를 올릴 수 있는 수준이었어요. 영어는 워낙에 어려서부터 자주 접했던 거라 단어를 외우는 것도 그렇고 문제 푸는 것도 그렇고 스트레스 받지 않고 재밌게 했어요.

전체적인 공부가 수학이랑은 완전 전투를 벌이고 외국어랑 언어랑은 친근하게 노는 식이었어요. 아, 그리고 아무리 자신 있는 과목이어도 너무 소홀히 하지는 마세요. 저도 외국어를 너무 소홀히 했다가 중간에 점수가 떨어진 적이 있었거든요. 잘하는 것도 적당히 관리를 계속 해야 돼요.

과탐은 제 경우에는 3가지를 봤어요.

과학2 과목과 과학1 과목이 있었는데요. 도저히 공부할 시간이 안 돼서 과감하게 과학2를 포기했어요. 서울대가 아니면 어차피 과학을 2과목만 보기 때문에 아예 과감히 포기했어요.

선택과목 중에 한 가지는 지구과학이었는데, 제가 이 과목을 워낙에 좋아해서 별 어려움 없이 공부하고 좋은 점수를 받았어요. 좋아하는 과목은 당연히 성적이 잘나오잖아요.

그리고 한 과목은 물리였는데요. 물리는 아무래도 과학이지만 그래도 수학이랑 많이 연관된 학문이고 그래서 잘 안 되더라고요. 그래서 지구과학과는 달리 물리 때문에는 고생을 좀 했어요. 공부 방법은 수학처럼 아예 처음부터 기본서 놓고 공부했는데요. 그래도 과학은 제가 좋아하는 분야라서 성적이 잘 나오지 않았지만 즐겁게 공부할 수 있어요. 전체적인 시간으로 봤을 때는 수학 다음으로 물리를 가장 많이 투자했어요. 여러분이 목표로 하는 학교가 요구하는 수준이 무엇인지 파악한 다음에 포기해야 되는 항목은 재빨리 포기하는 것도 한 방법이에요. 물론 모두 다 잘하면 좋겠지만… 저는 수학이 워낙 점수가 나오지 않아서 그거 하나만 따라가는 데에도 엄청 벅찼거든요.

전체적으로 종합해서 얘기하자면 전체 시간의 70%는 수학을 공부했고요. 나머지 30%중 물리를 가장 많이 그리고 외국어와 언어는 비중을 비슷하게 감만 잃지 않을 정도로 유지 했어요.

그리고 중요한 게 수업시간을 이용하는 거예요. 저는 언어와 외국어는 딱히 짬을 내서 공부하기 보다는 수업시간을 활용해서 최대한 열심히 들었어요. 그리고 공부가 잘 안 될 때는 반에서 가장 공부 잘하는 친구들을 살펴보세요. 그 친구들은 대부분 1학년 때부터 엄청 열심히 공부하는 친구들이예요. 3년 동안 준비하는 데도 저보다 더 열심히 공부하는 모습을 보면 자극도 받고 도전도 돼서 다시 공부에 집중할 수 있게 큰 도움이 되었던 것 같아요.

그리고 생활적인 부분으로는 잠을 최대한 많이 자려고 노력했어요. 야자 끝나고 집에 오면 11시 정도였는데 아무 생각 없이 바로 잤어요. 그리고 아침에도 최대한 여유 있게 일어났어요. 게다가 집에서 학교까지 통학거리가 10분 정도밖에 되지 않아서, 고3 치고는 제가 잠을 굉장히 많이 잤던 편에 속할 거예요. 대신에 잠을 푹 잤던 만큼 머리가 상쾌해지니까, 학교에서는 최대한 집중해서 공부할 수 있었죠. 그리고 학교 수업시간에도 졸지 않을 수 있었고요. 수업시간에 졸았다면 언어영역이랑 외국어영역을 공부하는 데 또 지장이 생기잖아요. 그래서 저는 생활과 저의 공부패턴과 학습방법들이 모두 톱니바퀴처럼 잘 맞아 떨어졌던 것 같아요.

특히나 집중력이 정말 중요해요. 저는 사물함에 책 가지러 가는 것도 집중력에 방해가 된다고 생각해서 미리 공부할 책을 책상에 다 쌓아놓고 공부한 적도 있어요. 유난히 머리가 맑은 날은 아침부터 점심시간까지 자리에서 한 번도 안 일어나고 공부한 적도 있고요. 독서실도 안 다니고 그냥 학교에서 계속 공부했어요. 주말에도 저희 학교는 공부하는 학생들을 위해서 개방을 해놨거든요. 그래서 1년 내내 학교에 가서 공부를 했어요. 같은 장소와 환경에서 꾸준히 일관되게 공부를 하니까 다른 생각도 안 들고 마음의 안정도 되는 것 같았어요.

6. 수학이 약했는데도 이과에 간 이유는 무엇인가요?

제가 이렇게 수학을 못하면서도 이과를 선택한 이유는요. 제 비전을 위해서였어요.

수학은 못하면 공부하면 되잖아요? 그런데 제가 수학을 못한다고 문과를 가서 타협을 하게 되면 나중에 다시는 이과로 넘어와서 교차 지원을 한다든가 하지는 못할 것 같았어요.

제가 어려서부터 완전히 구체적인 비전을 가지고 있었던 것은 아니었지만 그래도 외국생활에 대한 동경이 있었어요. 한국에서만 자리 잡고 사는 것이 아니라 여러 나라로 돌아다니면서 사람들 만나면서 일하는 것이 저의 막연한 꿈이었어요. 그리고 거기에 더해서 영향력을 끼치는 사람이 되는 것이 저의 일차 목표였어요.

그런데 신앙이 바로 서면서 그 영향력이 선한 영향으로 바뀌게 되었어요. 특히나 환경 문제에도 관심을 갖게 되었는데요. 고등학교 와서 저의 이런 비전의 조각들을 어떻게 하나로 합칠 수 있을지를 정말 많이 고민했어요.

그 결과 나온 것이 에너지 공학자였어요. 에너지 공학자가 되면 세계를 돌아다니면서 연구도 하고, 환경문제에 대해서도 제가 가진 능력을 사용할 수 있게 되잖아요. 물론 그 과정을 통해서 저의 믿음의 모습과 선행을 보여주면서 선한 영향력도 끼칠 수가 있고요.

그래서 지금 대학에 들어와서도 동아리를 기독교 동아리를 들까 고민하면서 기도하다가 결국 에너지와 관련된 동아리로 들어가게 되었어요. 지금 생각해보면 제가 처음에 외국에 대한 막연한 동경을 가진 것부터 지금 학교와 과에 들어오게 된 것 까지 모두 하나님께서 예비해주신 것 같다는 생각이 들어요.

7. 고3 때의 하루일과는 어땠나요? 스트레스는 어떻게 해소했는지?

저는 다른 학생들보다도 조금 일찍 학교를 갔어요.

빠르면 6시 30분까지 학교에 도착했어요. 일단 가면 가장 먼저 성경을 읽고, 오늘 하루를 잘 보낼 수 있게 해달라고 기도를 한 다음에 곧바로 공부를 시작했어요.

영어듣기를 학교에서 틀어주는 날이 있었는데, 그 때는 영어 듣기를 먼저 했어요. 영어 듣기가 없는 날은 바로 아침부터 수학 공부를 시작했어요.

그리고 0교시 때도 수업이 있을 때가 있고 자습이 있을 때가 있었는데, 자습이면 수학을 공부 했고, 수업이 있으면 충실히 수업에 따랐어요.

쉬는 시간엔 다른 공부하기보다는 그 전 시간에 배웠던 내용들 복습하는데 시간을 썼어요.

점심시간에는 줄 서는 시간도 아까워서 나중에 좀 늦게 나갔어요. 학교에서 점심시간이 원래 가장 치열한 시간이잖아요. 저도 배는 고팠지만, 그래도 잠깐 참고 공부하다가 줄 안서고 바로 밥 먹을 수 있을 때에 밥 먹으러 나갔어요.

학교 끝나고 저녁 먹는 시간까지도 보통 청소를 하거나 아니면 그냥 잠깐 뜨는 시간이 있는데요, 그 때도 공부했어요.

저녁을 먹고 나서는 이제 야자에 집중하기 위해서 휴식을 가졌죠. 그리고 다시 야자 하기 전에 성경을 잠깐 보고 공부에 다시 매진을 해요. 그렇게 10시가 되면 하루를 마무리하는 기도를 한 뒤에 집으로 돌아가요. 컨디션이 좀 안 좋을 때는 친구들이랑 잠깐 운동하면서 머리 식힐 때도 있었고요. 그렇게 집에 들어오면 바로 씻고 잤어요.

스트레스를 해소하는 방법은 사이사이 조금씩 말씀드렸던 것 같은데, 일단 제가 고3때 정말 공부를 열심히 했다고 계속 강조했는데 제가 도서관에 가지 않고 학교에서만 공부해 방학 때 조금 힘든 마음이 있었어요. 또 제가 공부를 늦게 시작한 것에 대한 스트레스를 받았어요. 사실 어쩔 수 없는 부분인데도 불구하고요. 그래서 이런 스트레스를 받을 때마다 기도 하는 시간을 가졌어요. 제 마음을 솔직히 고백하면서 오늘은 또 어떻게 지냈는지 내일은 또 어떻게 공부할 건지 정말 별의 별 얘기를 기도하면서 다 했어요. 그런 시간을 통해 진정한 휴식을 가졌던 것 같아요. 뭔가 나 혼자만의 시간이랄까… 그렇게 기도를 하고 나면 복잡한 마음도 다 정리가 되고, 생각도 다시 산뜻해졌어요.

제가 뭐 구체적으로 조목조목 따지면서 말씀드리기 보다는, 제가 고 3 때 신앙생활 하면서 느낀 점에 대해서 솔직하게 말씀드릴게요.

지금까지 제 이야기를 읽으신 분들은 제가 고3때 얼마나 절박한 상황이었는지 아실 거예요. 수학이라는 게 아예 기초가 없는 상태에서 1년 만에 공부하기 쉽지는 않잖아요. 그런데도 제가 신앙생활을 열심히 하고 교회를 빠지지 않았던 것은 하나님에 대한 확신이 있었기 때문이에요.

가장 중요한 것은 하나님을 아는 것이고 설령 내가 주님을 만나러 가는 시간 때문에 뭔가 부족한 부분이 생기더라도 그분이 채워주실 것이라고 저는 정말로 믿었어요.

물론 저와 같이 고3이면서 신앙 생활했지만 느끼지 못한 친구들도 있을 거예요. 그리고 성적이 오르지 않은 친구들도 있겠죠. 그러나 성적이 인생의 전부가 아니듯이 하나님을 예배하는 시간이 결코 우리에게 헛된 것이 아니라는 것은 분명한 사실이에요.

제가 하루를 마지막처럼 생각하면서 8, 9시간씩 공부할 수 있었던 것은 신앙 때문이에요.

가정환경도 그렇고… 그 당시 신앙이 없었으면 저는 무너졌을 거예요. 제가 처음부터 공부 습관이 좋았던 것도 아니었고 외국어만 빼고 보면 거의 바닥에서부터 시작했잖아요. 그런 상황에서 애초에 공부를 시작할 수 있게 만들어 준 것이 바로 신앙이었고, 수능 때까지 지속시켜줄 수 있었던 원동력이 바로 신앙이었어요.

공부를 하면서 정말 할 수 있을까라는 의심이 들 때도, 너무 힘들어 포기하고 싶을 때도 항상 저를 격려해주시고 위로해주시는 하나님이 계시다는 사실이, 또 내가 그것을 알고 있다는 사실이 얼마나 힘이 됐는지 경험해보지 못한 분들은 모를 거예요. 이것이 제가 고3 임에도 신앙생활을 열심히 했던 이유였고요, 그러면서 느낀 솔직한 심정이에요. 신앙과 공부의 기로에 서서 고민하는 친구들에게 많은 도움이 되었으면 좋겠어요.

9. 올해 고3인 수험생들에게 해주고 싶은 말이 있다면?

해드리고 싶은 많은 말이 있지만, 특히나 저처럼 기초가 부족한 상태에서 뒤늦게 공부를 시작하려는 분들에게는 성적에 대해서 당장은 걱정을 하지 말라고 말씀을 드리고 싶어요.

정말로 노력을 하고, 최선을 다한다면 최대한의 좋은 결과가 반드시 나와요. 그리고 내가 할 수 있는 부분은 최선을 다 한 뒤에 모자라는 부분은 하나님께 채워달라고 기도하세요. 제가 아는 친구들 중에 항상 걱정만 하는 아이들이 있었어요. 걱정 두 번 할 시간에 공부 한 번만 해도 제가 봤을 때는 훨씬 좋은 대학 갈 것 같았는데, 그냥 모이기만 하면 성적 걱정, 수능 걱정, 미래 걱정, 온통 걱정 밖에 안 했어요.

그러나 우리들에게는 구하면 주시는 하나님이 있고, 우리의 모든 것을 알고 계시는 예수님이 있는데 걱정할 이유가 없잖아요?

일 년 밖에 남지 않은 것이 아니라 일 년이나 남은 거라고 생각을 하세요. 수학 전교 꼴등이었던 제가 결국 목표로 했던 대학을 갈 수 있었다면 분명히 여러분들도 할 수 있어요. 그리고 저보다 훨씬 좋은 대학을 가는 친구들도 있을 거예요.

10. 고3을 둔 부모님들에게 해드리고 싶은 말이 있다면?

아이들에게 신앙에 대해 스스로 선택할 수 있는 자유를 주셨으면 좋겠어요.

만약에 억지로 교회를 가는 것이 아니라 스스로 교회를 간다고 아이가 결심하면, 분명히 그 아이는 그 시간만큼 더 열심히 노력해서 공부할 거예요.

수련회도 마찬가지예요. 제 친구 중에 공부를 별로 열심히 하지 않는 아이가 있었는데, 그 애 부모님이 수련회를 공부 때문에 못 가게 하신 적이 있어요. 저는 수련회 갔다 와서 2박 3일 은혜 받고 정말 더 열심히 공부를 했어요. 그런데 그 친구는 제가 수련회 간 기간 동안에도 공부를 설렁설렁 했고, 그렇게 수능 때까지 계속해서 설렁설렁 했어요.

물론 무조건 수련회 보내라고 말씀 드리는 것은 아니에요. 믿음이 있어도 다가올 수능 걱정 때문에 마음을 편하게 갖지 못하는 학생들도 있을 텐데 그런 경우는 억지로 보낼 필요는 없어요. 다만 아이가 스스로 생각해서 결정을 내렸다면 분명 그에 상응하는 노력을 하기 때문에 신앙에 열심을 낸다고 너무 걱정을 하지 않으셨으면 좋겠어요.

그리고 될 수 있으면 주일 성수만큼은 꼭 지킬 수 있게 배려해주고 신경 써 주셨으면 좋겠어요. 굉장히 불안하고 힘든 시기가 고3인데, 주일 예배만으로도 많은 힘과 위로를 얻을 수 있거든요.

고달픈 고3 생활? 고귀한 고3 생활!
성공한 크딩들의 3가지 공통점

이성은

인터뷰 편집 이성은

인터뷰 진행 이새롬

우리나라 고3들의 생태를 표현하기 위해서 가장 많이 사용되는 단어중의 하나가 입시지옥, 입시전쟁입니다. 지옥에 비견될 만큼 우리 고3들의 생활은 힘이 듭니다. 명문대를 가기 위해서 밤낮없이 공부하다 보니 스트레스도 많이 받습니다. 전쟁이란 말이 붙을 만큼 우리 고3들의 생활은 치열합니다. 몇 년 동안 함께 지내온 친구들을 동반자가 아닌 경쟁자로 의식하며, 서울에 있는 좋은 대학에 가지 못하면 마치 인생을 벌써 실패한 것처럼 취급받습니다. 그렇기 때문에 고3들은 세상의 그 무엇보다도 공부를 가장 중요한 가치로 놓을 수밖에 없습니다. 고3이란 한시적인 기간 동안은 신앙보다도 공부가 훨씬 중요하게 생각되는 것이 당연한 일처럼 보일지도 모릅니다.

그런데 조금 다른 학생들이 있습니다. 공부를 하면서도 스트레스를 받지 않고, 치열한 경쟁 속에서도 진정한 관계를 맺고 남을 도우며 공부보다도 신앙을 우선순위로 놓고 하나님께 헌신하는 학생들, 그리고도 모두들 가고 싶어 하는 명문대에 들어간 학생들이 있습니다. 바로 이 책에 나온 열한 명의 학생들입니다. 아이들은 저마다 신앙의 상태도 달랐고, 가정환경과 학업능력도 모두 달랐지만 다음과 같은 뚜렷한 세 가지 공통점을 가지고 있었습니다.

첫째, 공부와 신앙의 시너지 효과가 있었습니다.

멘탈붕괴라는 말을 들어보셨나요? 요즘 학생들이 가장 많이 사용하는 말 중의 하나로 정신적으로 너무 큰 충격을 받았을 때 쓰는 말입니다. 고3 때만큼 멘탈붕괴가 많이 찾아오는 경우는 없습니다. 열심히 공부를 했는데 오히려 성적이 떨어졌을 때, 수능이 하루하루 점점 다가올 때, 공부에 집중이 되지 않을 때 아이들은 정신적으로 매우 힘이 들어 합니다. 그러나 책에 나온 아이들은 자신들이 할 수 없는 모든 부분에 대해서는 하나님께 맡기는 듬직한 신앙을 통해 이런 스트레스들을 극복해 내고 최선의 방법으로 공부를 하고 수능을 볼 수 있었습니다. 신앙을 소홀히 하며 성적을 올린 것이 아니라 신앙을 통해 믿음이 성장하며 성적도 덩달아 올라가는 신앙과 성적에 대한 시너지 효과가 이들 모두에게는 있었습니다.

둘째, 뚜렷한 목표가 있었습니다.

아이들 모두에게는 대학은 하나의 과정일 뿐이었습니다. 아이들은 비전과 목표를 위해서 공부를 한 것이지, 명문대를 가기 위해서 공부를 한 것이 아니었습니다. 그리고 아이들의 비전과 꿈의 중심에는 항상 하나님에 대한 믿음이 깊이 자리하고 있었습니다. 대학을 목표로만 삼고 공부한 아이들에게는 그 이후의 계획이 없습니다. 그래서 대학을 가놓고도 갈 길을 찾지 못하고 방황을 하는 대학생들이 너무나도 많습니다. 그러나 뚜렷한 믿음이 바탕이 된 목표가 있는 아이들에게는 인생을 낭비할 틈이 없습니다. 확실한 인생의 목표를 가졌다는 사실만으로도 이 아이들은 성공한 것이며, 세상을 위한 큰일을 하고 하나님께 영광을 돌릴 수 있는 커다란 가능성을 품고 있는 것입니다. 세상을 변화시킬 뚜렷한 목표라는 가능성이 아이들 모두에게는 있었습니다.

셋째, 타인을 배려하는 모습이 있었습니다.

책에는 모두 실리지 않았지만 아이들은 자신이 남들보다 나은 부분이 있다면 그 부분을 통해 도움을 주려고 노력을 했습니다. 자신이 잘하는 과목을 부족한 친구에게 몇 번이고 가르쳐주고, 기도와 중보로 힘든 상황에 처한 친구들을 위해서 매일같이 열심히 기도하는 모습이 있었습니다. 세상에 고립되어 나만을 위한 성공을 이루려고 노력을 하는 것이 아니라 주변 사람들을 돌아보며 더불어 가려는 마음의 여유를 갖고 있었습니다.

그리고 그런 선한 마음과 행동은 풍성한 결실까지 맺어주었습니다. 험난한 고3 생활 속에서도 배려의 아름다움을 실천할 용기와 여유, 그리고 사랑이 아이들 모두에게는 있었습니다. 그리고 바로 이런 세 가지 특징이 고달픈 고3 생활을 고귀한 고3 생활로 변화시켜 주었습니다.

신앙생활을 하면서도 좋은 대학을 간 아이들의 이야기를 듣는 부모님들이 가장 자주 하시는 말씀이 있습니다.

"그건 걔네들 이야기고, 우리 애는 부족해서 안 돼요."

그러나 이 책에 나온 아이들 역시 남들보다 딱히 뛰어나거나 특별할 것 없는 '보통의 아이들'이었습니다. 단지 신앙이라는 비법을 통해 '보통의 아이들'에서 '특별한 아이들'이 되었을 뿐입니다. 그리고 저는 이 책을 통해 더 많은 학생들이, 그리고 학부모님들이 누구에게나 열려 있는 이 놀라운 가능성에 대해서 알게 되었으면 좋겠습니다.

목표를 가진 사람은...

헤롤드 세일러 박사

성공하고 싶습니까?

그 대답이 "예"라면 당신은 정상적입니다. 그리고 당신의 그런 대답은 이기적이거나 탐욕스런 것이 아닙니다. 성공하고 싶어하는 욕구는 지극히 당연한 것입니다. 이것은 하나님에 의해 주어진 욕구입니다.

이미 성공에 관한 많은 책들이 출간되었습니다. 대단히 많습니다.

그런데 성공을 다루고 있는 또 다른 차별된 하나의 책은 성경입니다.

그리고 그 책은 성공을 소유한다는 뜻 보다는 있는 그대로의 상태라는 의미로 다루고 있습니다. 삶에 대한 이 위대한 교과서는, 진정한 성공을 위해서는 예수 그리스도를 통해서 하나님과 개인적인 관계를 가질 필요가 있으며, 그러므로써 하나님과 함께 관계로 들어가며, 성경 곳곳에서 발견되는 가르침들을 따르기 시작하게 되는 것이라고 말하고 있습니다. 이 성경책에서 하나님은 하나님의 가르침을 따르는 사람의 노고를 축복해 주실 것이라고 약속하고 있습니다.

성경이 정의하는대로의 성공은 당신의 인생을 위한 하나님의 뜻을 발견하고 추구하는 것입니다. 성경에 있는 원리들을 따르기 시작했다면, 하나님께서 당신이 무엇을 성취하기를 원하시는지를 판단하십시오. 하나님께서 당신이 궁극적으로 어디로 가기를 원하시는지를 발견하십시오. 그리고 "어떻게 하면 그곳에 도달하게 됩니까?"라고 묻지는 마십시오. 하나님께서는 다음과 같이 약속하고 계십니다.

"너는 마음을 다하여 하나님을 의뢰하고 네 명철을 의지하지 말라 너는 범사에 그를 인정하라 그리하면 네 길을 지도하시리라"(잠언 3:5~6).

바울은 믿었습니다. 그래서 그는 "내게 능력 주시는 자 안에서 내가 모든 것을 할 수 있느니라"(빌립보서 4:13)라고 썼습니다.

당신은 당신의 인생을 위한 하나님의 계획이 무엇인지에 대해 심각하게 생각해 본 일이 있습니까?

사회적인 배경이나 의과대학을 마치기에는 돈이 부족하다 등의 부정적인 요인에 너무 집착하지 마십시오. 그 대신에 첫 단계로서 당신의 인생을 위한 하나님의 목표가 무엇인지를 알아보십시오.

많은 사람들이 이구동성으로 "그건 불가능한 일입니다"라고 말하기 십상입니다만 하나님의 도우심으로 그것은 가능할 수 있습니다.

우리 시대의 많은 업적이 불가능하다고 주장하는 사람들의 반대에도 불구하고 이루어졌습니다.

당신은 하나님께서 당신이 성공적인 대학생이 되기를 원하신다고 믿습니까?

그러면 소매를 걷어 올리고 공부를 시작하십시오.

당신은 하나님께서 당신이 다른 사람들이 불가능하다고 생각하는 것을 하기를 원하신다고 확신합니까?

그러면 삶의 목표가 "하나님을 위해 큰 일을 시도하고 하나님으로부터 큰 것을 기대하라"였던 윌리암 케리(William Carey)의 말을 기억하십시오.

이 중요한 지침을 당신과 함께 나누면서 생각해 볼 것이 있습니다. 그것은 "목표를 가진 사람은 살아 있는 물고기와 같이 물을 거슬러 올라간다"는 말입니다.

만약 당신이 하나님 안에서 하나님을 향해 조용히 일하기 시작한다면, 하나님께서는 당신이 하나님을 믿는 만큼 문을 열어 주시기 시작한다는 것을 발견하게 될 것이다. 다른 사람들이 당신 옆에서 무모하게 돌진해 지나갈지도 모릅니다. 그러나 장기적으로 보면, 속도는 중요한 것이 아니고 정말 중요한 것은 방향입니다.

성공을 위한 열쇠는 희귀한 것이 아닙니다.

성공의 열쇠들은 잘못 사용하고 소홀히 해서 단지 녹슬었을 뿐입니다.

성공을 위한 첫 번째 열쇠는 하나님께서 당신이 일생동안 무엇을 성취하기를 원하시는지를 발견하는 것이고, 믿고 일을 하는 사람에게는 불가능한 것은 없다는 사실을 인식하는 것입니다.

성공을 위한 두 번째 열쇠는 성경에 나타난 대로 그 목표에 도달하기 위해 당신 인생을 훈련시키는 것입니다.

사도 바울은 그의 노력에 의해서 크게 성공했을 뿐 아니라, 그의 일생동안 무엇을 하든간에 성공할 것이라는 결정이 나 있었다고 많은 사람들이 믿고 있습니다.

빌립보인들에게 한 그의 말은 의미 심장합니다.

"내가 하는 이 한가지 일"(빌립보서 3:13).

두 가지의 종류의 일도 아닌 단지 "내가 하는 이 한 가지 일"은 그의 목표를 성취하기 위한 그의 확고한 결심을 말해 주고 있습니다. 똑같이 중요하게 생각하고 바울은 그의 인생을 훈련시켰습니다.

성공을 향해 노력하는 데 있어서 다른 중요한 지침은, 실패로부터 무언가를 배우는 능력입니다.

나는 당신이 실패했을 때, 만약 들으려고만 한다면 "들어라, 네가 옆길로 벗어났으므로 이 일로 인해 내 뜻 가운데로 돌아오도록 하기 위함이었느니라" 하시는 하나님의 음성을 들을 수 있다고 굳게 믿고 있습니다.

성공하는 사람은 실패로부터 배웁니다.

누군가가 말하기를 "성공하는 사람은 잘못을 거듭하면서 성공의 사다리를 올라갑니다" 라고 했습니다.

실패와 패배는 하나님의 새로운 가르침을 발견할 수 있는 기회를 제공해 줍니다. 실제로 기회라는 것은 불행이나 일시적인 패배라는 형태로 가장해 뒷문으로 슬그머니 기어올지도 모르며 바로 그러한 이유 때문에 많은 사람들이 결코 그 기회를 알지 못하게 됩니다.

백열등을 만들기 위해 만번 이상의 실험을 하고 빛나는 백열등을 발명한 토마스 에디슨(Tomas Edison)은 실패에 직면해서도 포기하지 않았던 좋은 예입니다.

실패가 문을 두드릴 때, 하나님께 새로운 가르침과 목적을 달라고 요청하십시오. 그리고나서 무엇으로라도 중단시킬 수 없는 마음 속으로부터의 확고한 결심을 가지고 하나님의 뜻을 계속해서 행하도록 하십시오.

주님 안에서 어떤 경우에도 성공하기 바랍니다.

망망한 바다 한가운데서 배 한 척이
침몰하게 되었습니다.
모두들 구명보트에 옮겨 탔지만
한 사람이 보이지 않았습니다.
절박한 표정으로 안절부절 못하던 성난 무리 앞에
급히 달려 나온 그 선원이
꼭 쥐고 있던 손바닥을 펴 보이며 말했습니다.
"모두들 나침반을 잊고 나왔기에 … "
분명, 나침반이 없었다면 그들은 끝없이 바다 위를
표류할 수밖에 없을 것입니다.

삶의 바다를 항해하는 모든 이들을 위하여
우리는 그 나침반의 역할을 하고 싶습니다.
우리를 구원하신 아름다운 주님을
21세기 문명의 이기(利器)를 통하여
널리 전하고 싶습니다.

우리 나침반 가족은
구원의 복음과 진리의 말씀을 전하며
당신의 믿음 성장과 삶을, 가정을, 증거를,
그리고 당신의 세계를 돕고 싶습니다.

그리스도 안에서
우리는 당신을 진실로 사랑합니다.

"하나님은 모든 사람이 구원을 받으며
진리를 아는 데 이르기를 원하시느니라."
(디모데전서 2장 4절)

365일 자녀축복 안수기도문

내 아이의 인생이 복을 누리는 길!!
365일 성경말씀과 함께 자녀를 축복하며 안수하십시오!

정요섭 지음
국반판 / 400쪽 / 값9,500원

선포(명령) 기도문

이 책은 기도에 대해 어려움을 가지거나,
기도생활에 활력을 얻기를 원하거나,
응답을 받지 못해 낙심하거나, 포기하고 싶거나,
하나님의 임재와 능력을 경험하기 원하는
가족, 친척, 이웃들과 모든 그리스도인들에게
실제적이고 효력있는 기도의 도구가 될 것입니다.

김경란 지음
포켓판 / 128쪽 / 값4,000원

자식의 장래는
부모의 무릎에 달려있다

자녀를 위한 30일 작정 기도 교과서!
"완벽한 부모가 되기보다는 기도하는 부모가 되라."

스토미 오마산 지음
신국판 / 240쪽 / 값9,000원

김장환 목사와 함께/경건생활 365일
하나님을 바라보라

● 매일 말씀과 예화로 시작하는 생활QT!
● 온 가족이 함께 할 수 있는 가족QT!
● 삶에 쉽게 활용할 수 있는 적용QT!
● 하루 5분이면 할 수 있는 간편QT!
● 강의나 상담, 대화 때 쓸수 있는 예화QT!
● 삶을 변화시키는 감동QT!

김장환 지음
신국판 / 392쪽 / 값13,000원

크딩들이여, 화이팅!

발행인 | 김용호
발행처 | 나침반출판사
인터뷰 | 이성은·이새롬

초판 1쇄 발행 | 2012년 6월 5일

등 록 | 1980년 3월 18일 / 제 2-32호
주 소 | 157-861 서울 강서구 염창동 240-21
        블루나인 비즈니스센터 B동 1607호

전 화 | 본   사 (02)2279-6321
        영업부 (031)932-3205
팩 스 | 본   사 (02)2275-6003
        영업부 (031)932-3207

홈페이지 | www.nabook.net
이 메 일 | nabook@korea.com
            nabook@nabook.net

ISBN 978-89-318-1442-2
책번호 아-1012

값은 뒷표지에 있습니다.